Heute Christ sein

KONKRETE LITURGIE

herausgegeben von Guido Fuchs

WERNER EIZINGER

Heute Christ sein

Meditative Andachten durch das Kirchenjahr

VERLAG FRIEDRICH PUSTET
REGENSBURG

Bibliografische Information der Deutschen Nationalbibliothek
Die Deutsche Nationalbibliothek verzeichnet diese Publikation in der Deutschen Nationalbibliografie; detaillierte bibliografische Daten sind im Internet über http://dnb.dnb.de abrufbar.

ISBN 978-3-7917-3137-7

Umschlagbild: pixabay / msandersmusic
Umschlaggestaltung: Martin Veicht, Regensburg
Satz: Medienbüro Monika Fuchs, Hildesheim
Druck und Bindung: Friedrich Pustet, Regensburg
Printed in Germany 2020

Diese Publikation ist auch als eBook erhältlich:
eISBN 978-3-7917-6173-2

Weitere Publikationen aus unserem Programm
finden Sie auf www.verlag-pustet.de
www.liturgie-konkret.de

INHALT

VORWORT

Dieses Buch ist der Versuch einer unüblichen Art von Andachten. Sie gehen nicht von einem Glaubensgeheimnis oder einer Heiligenverehrung aus. Im Mittelpunkt steht einerseits der Mensch unserer Tage, andererseits Gott. Die Texte gehen von der Lebenswirklichkeit des Menschen und seinen Fragen aus. Sie versuchen, aus der tätigen und verbalen Botschaft Jesu Christi Antwort und Hilfe zu geben.

Die Andachten können mit der Gemeinde gefeiert werden, aber die Texte kann man auch ganz persönlich und privat lesen, bedenken und beten.

Bei der Feier mit der Gemeinde sollte nach jeder Betrachtung eine stille Minute zum Nachdenken eingelegt werden, damit die Gläubigen das Gehörte auch persönlich bedenken und verarbeiten können.

Die Psalmtexte sind der Psalmenübertragung aus dem Hebräischen in dem Buch „Die Psalmen. Ein Gebetbuch für Christen", Werner Eizinger, Regensburg 2013, entnommen.

Beim Vollzug in der Gemeinde gibt es zwei Möglichkeiten: Entweder spricht man die Verse abwechselnd zwischen Vorbeter und Gemeinde oder zwischen linker und rechter Bankseite. Dazu können die Psalmtexte für die Gemeinde kopiert werden.

Die angegebenen Lieder sind nur Vorschläge, die gegen in der konkreten Gemeinde gängige Lieder ausgetauscht werden können. Dabei können auch Gesänge aus dem jeweiligen Diözesananhang eingesetzt werden, die hier nicht berücksichtigt werden können.

Werner Eizinger

BARMHERZIGKEIT

Kreuzzeichen und Gruß

Im Namen des Vaters und des Sohnes und des Heiligen Geistes.
Der Herr sei mit euch!
Und mit deinem Geiste.

Meine Schwestern und Brüder, das Thema unserer Andacht lautet heute „Barmherzigkeit“.

Lied GL 347,1.4 (Der Geist des Herrn)

Gebet Wir wollen beten.
Erhabener, ewiger Gott! Wir sind oft ratlos, kennen die Wege nicht, schlagen Irrwege ein, suchen die Wahrheit und tappen doch im Dunkeln dahin.
Darum kommen wir jetzt zu dir und bitten dich, dass du uns mit deinem Licht und deiner Wahrheit erfüllst.
Dein Wort ist Licht und Wahrheit, wir wollen es jetzt hören.

Schriftlesung aus dem Evangelium nach Lukas
Gepriesen sei der Herr, der Gott Israels! Denn er hat sein Volk besucht und ihm Erlösung geschaffen. Er hat uns einen starken Retter erweckt im Haus seines Knechtes David, hat uns errettet vor unseren Feinden und aus der Hand aller, die uns hassen.
Und du, Kind, wirst Prophet des Höchsten genannt werden, denn du wirst dem Herrn vorangehen, um seine Wege zu bereiten, um seinem Volk Erkenntnis der Rettung zu schenken in der Vergebung der Sünden. Durch die barmherzige Liebe unseres Gottes wird uns besuchen das aufstrahlende Licht aus der Höhe, um allen zu leuchten, die in Finsternis sitzen und im Schatten des Todes, und unsere Schritte auf den Weg des Friedens zu leiten. *(Lk 1,68–69.76–79)*

Betrachtung

Diese Worte spricht Zacharias anlässlich der Geburt seines Sohnes Johannes. Darin preist er die barmherzige Liebe Gottes. Diese Liebe, sagt er, äußert sich darin, denen, die in Finsternis und im Schatten des Todes sitzen, zu leuchten. Das aber sind wir alle. Wir sitzen in Finsternis, denn wir kennen unsere Zukunft nicht, wir kennen nicht einmal uns selber durch und durch, wissen nicht, wie wir uns selber entwickeln, was aus uns werden wird. Wir wissen oft nicht, wie wir uns entscheiden sollen, welcher Weg der bessere ist. Wir kennen andere Menschen, ihr innerstes Wesen und ihr künftiges nicht. Worauf wir uns stützen können, ist einzig Vermuten, Wünschen und Hoffen. Und der Schatten des Todes überstrahlt unser Leben – je älter wir werden, umso mehr.

Doch die Worte des Johannes machen uns Mut. In Finsternis und Todesschatten sind wir nicht allein gelassen, denn uns leuchtet dank der Barmherzigkeit Gottes ein Licht auf, das unser Leben erhellt. Johannes führt uns nämlich zu Jesus, der uns sagt, dass wir in aller Finsternis des Lebens auf Gott vertrauen dürfen. Gott lässt uns nicht allein, er zeigt uns die Wege, wenn wir uns ihm öffnen. Und Jesus sagt uns, dass wir nicht im Schatten des Todes sitzen, denn er hat den Tod für uns alle besiegt und will uns zum Leben bei Gott, dem uns liebenden Vater, führen.

Und weiter sagt Zacharias, dass Gottes barmherzige Liebe unsere Schritte auf den Weg des Friedens führen wird. Er spricht von dem Frieden, den wir nicht machen können, der uns aber vom Vatergott geschenkt wird, wenn wir uns seiner Führung anvertrauen.

Gebet

Wir wollen beten.
Barmherziger Gott, unser Vater! Wir danken dir, dass du dich unser annimmst, dass dir an uns gelegen ist, weil du uns liebst.
In Jesus, deinem Sohn, hast du dich uns gezeigt, unser Leben erhellt und uns Zukunft bereitet. Dafür danken wir dir, loben und preisen wir dich heute und in Ewigkeit.
Amen.

Lied

GL 382,1.5 (Ein Danklied sei dem Herrn)

Betrachtung
Jesus selbst fordert uns im Lukasevangelium auf: „Seid barmherzig, wie auch euer Vater barmherzig ist!" *(Lk 6,36)* Wir sollen uns Gott zum Vorbild nehmen, seine Barmherzigkeit aufgreifen und den Menschen weiterschenken. Jesus verdeutlicht das in seinem Gleichnis vom barmherzigen Samariter. *(Lk 10,25–36)*

Dieses Gleichnis, das uns sehr vertraut ist, schreckt uns freilich auf, verlangt eine gewaltige Portion Selbstüberwindung von uns. Denn da wird uns gesagt, dass unsere Barmherzigkeit weit über jenes Maß hinausgehen soll, zu dem wir spontan bereit sind. Selbstverständlich ist uns Barmherzigkeit gegenüber denen, die wir lieben und die uns nahestehen: dem Ehegatten bzw. der Ehegattin, unseren Kindern, unseren Freunden und Verwandten, auch Bettlern, die unser Mitleid erwecken. In diesem Gleichnis aber fordert Jesus unsere Barmherzigkeit auch jenen gegenüber, die wir als unsere Feinde betrachten, und jenen, die uns als ihre Feinde behandeln: Ein Samariter erweist sich einem Juden barmherzig – für seine Hörer damals eine provokative Herausforderung! Doch solche allumfassende Barmherzigkeit fordert Jesus von uns, denn auch Gott lässt seine Güte strahlen über Gerechten und Ungerechten, weil er keinen aus seiner Liebe ausschließt.

Im Weiterschenken der Barmherzigkeit, die wir von Gott empfangen, können wir unsere Dankbarkeit gegenüber Gott bestätigen.

Lied GL 442,1–3 (Wo die Güte und die Liebe wohnt)

Betrachtung
Wir freuen uns über die Barmherzigkeit Gottes und sind dankbar dafür. Wenn wir aber über unsere eigenen Gedanken nachdenken, wird uns bewusst, wie sehr uns manchmal die Barmherzigkeit gegenüber Menschen fehlt. Wenn wir die Not anderer wahrnehmen, von ihren Sorgen hören, wenn wir von Problemen anderer erfahren, ihre Hilflosigkeit wahrnehmen – lässt es uns nicht oft gleichgültig, verschließen wir nicht die Augen davor, um nicht handeln zu müssen? Begnügen wir uns nicht manchmal mit dem Spruch, jeder sei seines eigenen Glückes Schmied? Oder drücken wir uns vor der Verantwortung mit dem Gedanken, jener hätte wohl selber Fehler gemacht, dass er in diese Lage geraten ist? Und überhaupt: Was gehen uns die anderen an, haben wir nicht eigene Sorgen? Ja, wir sind Künstler, Künstler im Verdrängen unserer Verantwortung für andere.

Wechselgebet Preisen will ich den Herrn allezeit,
sein Lobpreis sei immer in meinem Mund!

Meine Seele rühme sich des Herrn,
Demütge sollen es hörn und sich freun.

Verherrlicht mit mir den Herrn,
gemeinsam lasst uns ihn rühmen!

Ich suchte den Herrn, und er hat mich erhört,
er hat mich aus all meinen Ängsten befreit.

Schaut auf zu ihm, dann werdet ihr fröhlich,
und niemals müsst ihr vor Scham erröten.

Der Arme rief, und der Herr hat gehört,
er hat ihn aus all seinen Nöten befreit.

Der Engel des Herrn lässt sich nieder bei denen,
die Gott ehren, um sie zu retten.

Kostet und seht die Güte des Herrn!
Selig, die bei ihm sich bergen.

Ihr, seine Frommen, achtet den Herrn!
Denn wer ihn ehrt, ist frei von Not.

Arm wurden Große und litten Hunger,
doch wer den Herrn sucht, muss nicht darben.

Kommt, ihr Menschen, hört mir zu,
Respekt vor dem Herren will ich euch lehren.

(Ps 34,2–12)

Lied GL 425,1–3 (Solang es Menschen gibt auf Erden)

Fürbitten Gütiger Gott! Manchmal neigen wir dazu, uns anderen Menschen zu verschließen und nur uns selbst zu beachten. Darum bitten wir dich:
Öffne uns Augen, Ohren und Herz!

- Für die Menschen, mit denen wir zusammenleben.
- Für die Menschen, an denen wir achtlos vorübergehen.
- Für die Menschen, die unsere Hilfe brauchen.
- Für die Menschen, denen wir gleichgültig sind.

- Für die Menschen, die uns gekränkt und unrecht getan haben.

Dir, Vater, sei Dank und Lob und Ehre heute und in Ewigkeit!
Amen.

Segen

Der Herr sei mit euch!
Und mit deinem Geiste.
Es segne und behüte euch der barmherzige und gütige Gott: der Vater und der Sohn und der Heilige Geist.
Amen.

Lied

GL 456,1.3 (Herr, du bist mein Leben)

VERGEBUNG

Kreuzzeichen und Gruß

Im Namen des Vaters und des Sohnes und des Heiligen Geistes.
Der Herr sei mit euch!
Und mit deinem Geiste.

Meine Schwestern und Brüder, das Thema unserer Andacht lautet heute „Vergebung".

Lied GL 266,1–3 (Bekehre uns, vergib die Sünde)

Gebet Wir wollen beten.
Gott, unser Vater, du kennst die Probleme, die uns und unser Leben belasten. Du weißt, wie schwer uns das Leben oft werden kann. Doch wir hoffen auf dich. Darum kommen wir zu dir und bitten dich um deinen Beistand, denn wir vertrauen darauf, dass du uns nicht alleine lässt. Du bist ja ein Vater, der uns grenzenlos und bedingungslos liebt – heute und in Ewigkeit.

Schriftlesung aus dem Evangelium nach Markus
Als Jesus einige Tage später wieder nach Kafarnaum hineinkam, erfuhren die Leute, dass er im Haus war. Nun versammelten sich so viele Menschen, dass sie nicht einmal mehr vor der Tür Platz hatten; und er verkündete ihnen das Wort. Da brachten sie einen Gelähmten zu ihm; er wurde von vier Männern getragen. Doch weil sie ihn wegen der Menschenmenge nicht bis zu Jesus bringen konnten, deckten sie dort, wo Jesus war, das Dach ab, entfernten die Lehmschicht und ließen die Bahre mit dem Gelähmten hinab. Jesus sah ihren Glauben und sagte zu dem Gelähmten: Mein Sohn, deine Sünden sind dir vergeben. Es saßen dort aber auch einige Schriftgelehrte; diese überlegten im Stillen: Wie kann er so reden? Er lästert; denn wer kann Sünden vergeben als Gott allein?

Jesus erkannte sofort, was sie dachten, und sagte zu ihnen: Warum denkt ihr so in euren Herzen? Was ist leichter? Zu dem Gelähmten zu sagen, deine Sünden sind dir vergeben, oder zu sagen, steh auf, nimm dein Bett und geh umher? Ihr sollt aber erkennen, dass der Menschensohn Vollmacht hat, auf Erden Sünden zu vergeben. Nun wandte er sich dem Gelähmten zu und sprach: Ich sage dir: Steh auf, nimm deine Bahre und geh nach Hause! Da stand er auf, nahm sofort seine Bahre und ging vor aller Augen hinaus. Da gerieten alle außer sich, priesen Gott und sagten: So etwas haben wir noch nie gesehen. *(Mk 2,1–12)*

Betrachtung

Jesu Verhalten erscheint uns zunächst seltsam. Die Leute bringen den Gelähmten zu ihm, weil sie von ihm Heilung für den Kranken erhoffen. Und der Gelähmte? Er hofft aus ganzem Herzen, dass ihn Jesus von der Qual seines Leidens befreien wird. Doch Jesus? Er spricht von Sündenvergebung. Sieht er denn die Not dieses Menschen nicht, der an seine Bahre gefesselt ist und sich nicht frei bewegen kann? Und die seelische Not, die damit verbunden ist? Und die Sorge um seine Zukunft? Da ist das Wort des Herrn von der Sündenvergebung weder Trost noch Hilfe.

Und die Schriftgelehrten? Sie sehen in Jesus einen, der sich mit Gott verwechselt, also einen Feind Gottes. Vom Wesen Jesu haben sie keine Ahnung. Sie machen ihm schwere Vorwürfe, weil er behauptet, Sünden vergeben zu können.

Doch dann tritt Jesus den Beweis für seine Vollmacht an: „Steh auf, nimm deine Bahre und geh nach Hause!“ Und der Gelähmte steht sofort auf, nimmt seine Bahre und geht nach Hause.

Wie ist das möglich? Kann denn Sündenvergebung von Krankheit heilen? Sehr wohl. Das konnten sich die Menschen nicht vorstellen, aber Jesus wusste das. Wenn Schuld einen Menschen zutiefst belastet, kann sie ihn lähmen. Sie beherrscht sein Denken und Fühlen, sein ganzes Leben. Wir sehen das auch an dem Beispiel, wo Jesus einen Mann heilt, dessen Hand gelähmt ist. *(Mk 3,1–6)* Weil Jesus tiefer sieht als die Menschen, sagt er dem Gelähmten Sündenvergebung zu. Die Folge ist, dass dieser aufstehen und wieder gehen kann. Die Last der Sünde ist von ihm genommen, nichts also hindert ihn mehr, sich frei zu bewegen. Vergebung erlöst den Menschen.

Gebet Wir wollen beten.
Barmherziger Gott, durch Jesus hast du dem Gelähmten deine Vergebung zugesprochen. Jesus hat sein Leiden gesehen und ihm Vergebung geschenkt. Dabei hat er die Ursache seines Leidens, die Sünde, nicht publiziert. Sie blieb ein Geheimnis zwischen dir und dem Menschen, denn du bist einfühlsam und verurteilst den, der bereut, nicht. Vater, wir danken dir, dass du ein mitfühlender und vergebender Gott bist. Du lässt keinen im Stich, der auf dich seine Hoffnung setzt.

Lied GL 268,1–3 (Erbarme dich, erbarm dich mein)

Betrachtung
Es ist schön und tut uns gut zu wissen, dass Gott kein Rächer, sondern ein Vergebender ist. Und doch tun wir selber uns schwer mit dem Vergeben. Wehe, wenn uns jemand nicht hinreichend beachtet hat! Wehe, wenn wir uns übergangen fühlen! Wehe, wenn uns erwartete Anerkennung nicht geschenkt wurde! Dann ziehen wir uns zurück und schmollen, geben den Beleidigten und sind ungenießbar. Unser Motto lautet dann: Strafe muss sein.

Wehe, wenn uns jemand gekränkt hat! Wehe, wenn uns jemand Unrecht getan hat! Wehe, wenn uns jemand beleidigt hat! Dann neigen wir dazu, auf Rache zu sinnen.

Wir neigen dazu, Gleiches mit Gleichem zu vergelten. Wie du mir, so ich dir!

Vor uns selbst entschuldigen wir uns mit dem Begriff der Gerechtigkeit. Dabei vergessen wir völlig jede Selbstkritik. Wir fragen nicht danach, was den anderen zu seinem Urteil oder seinem Tun bewegt hat. Wir fragen nicht danach, mit welcher Rede oder Handlung wir den anderen provoziert haben oder in welcher Situation der andere war, dass er sich so verhalten hat. Wir denken im Grunde nur an uns.

Was würde aus uns, wenn Gott wäre, wie wir sind? Er wäre kein Vergebender, sondern ein Schmollender, ein Verständnisloser, ein Strafender, ein Rächender. Das jedoch ist unser Glück: dass Gott nicht ist, wie wir sind.

Lied GL 485,1–2.4–5 (O Jesu Christe, wahres Licht)

Schriftlesung aus dem Evangelium nach Matthäus

Wenn ihr den Menschen ihre Verfehlungen vergebt, wird euer himmlischer Vater auch euch vergeben. Wenn ihr aber den Menschen nicht vergebt, wird euer Vater eure Verfehlungen auch nicht vergeben.

(Mt 6,14–15)

Betrachtung

Diese Jesusworte bilden den Schluss des Vaterunsergebets bei Jesus, im ökumenischen Vaterunsergebet bleiben sie unbeachtet. Gleichwohl bilden sie eine wichtige Forderung Jesu an uns: Wir haben zu vergeben. Das gilt für die Kirche insgesamt, aber auch für jeden Einzelnen. Nicht der Wunsch nach Vergeltung, Bestrafung oder Rache darf unser Denken und Handeln bestimmen, sondern allein die Vergebung. Wie Gott an uns handelt, so müssen auch wir aneinander handeln. Gewiss, Vergebung erlangen tut gut, Vergebung schenken ist nicht immer leicht. Aber wie könnten wir von Gott Vergebung erwarten, wenn wir sie anderen nicht schenken wollten? Hartherzigkeit ist wahrhaft keine Tugend, vielmehr ein Laster. Nehmen wir also Maß an den Worten Jesu und vergeben wir jedem, der uns Unrecht getan hat!

Wechselgebet Selig der Mensch, dessen Frevel verziehen,
der Mensch, dessen Sünde vergeben ist.

> Selig, wem Gott seine Schuld nicht zur Last legt,
> weil er im Herzen frei ist von Falschheit.

Solang ich's verschwieg, war gelähmt meine Tatkraft,
denn stöhnen musst ich ohn' Unterlass.

> Schwer lag deine Hand auf mir
> am Tag und auch des Nachts.

Wie unter der Sommerhitze
schwand meine Kraft dahin.

> Dann habe ich dir meine Sünde bekannt,
> verbarg nicht länger die Schuld vor dir.

Ich sprach zu meinem inneren Feind:
„Bekennen will ich dem Herrn meine Frevel!"
Und du hast die Schuld meiner Sünde vergeben.

Drum soll jeder Fromme in Not zu dir beten,
dann wird das Unheil ihn nicht erreichen.

Du bist mein Schutz, bewahrst mich vor Unheil,
du rettest mich und hüllst mich in Jubel.

„Ich unterweise und lehr dich den Weg,
ich will dich beraten, auf dir ruht mein Auge.

Seid nicht ohne Einsicht wie Maultier und Ross!
In Zaum und Zügel musst du sie zwingen,
andernfalls folgen sie dir nicht."

Viele Schmerzen suchen den Gottlosen heim,
doch wer auf den Herrn sein Vertrauen setzt,
den wird er mit seiner Treue umgeben.

Freut euch am Herrn und jauchzt, ihr Gerechten,
jubelt, ihr Menschen redlichen Herzens. *(Ps 32)*

Bitten

Barmherziger Gott, wir wissen um deine Liebe zu uns. Darum kommen wir mit unseren Bitten zu dir: Herr, erbarme dich!

- Kein Mensch vermag dauerhaft schuldlos zu leben. Vergib uns und allen Menschen ihre Schuld!
- Manchmal wird uns Menschen gar nicht bewusst, dass wir Unrecht getan haben. Schenke uns rechte Erkenntnis und Einsicht!
- Wenn uns Unrecht getan wird, neigen wir schnell zu Hass und Vergeltung. Hilf uns, diesem Bösen zu widerstehen!
- Auf Verleumdung reagieren wir leicht mit Rachegelüsten. Stärke uns dann, Vergebung zu schenken.

Denn wir alle leben von deiner bedingungslosen Liebe und Vergebung, und wir alle haben sie nötig – gestern, heute und sicher auch morgen. Dir sei Dank und Lob und Ehre heute und in Ewigkeit.
Amen.

Segen Der Herr sei mit euch!
Und mit deinem Geiste.
Es segne und behüte euch der barmherzige und gütige Gott: der Vater und der Sohn und der Heilige Geist.
Amen.

Lied GL 273,1–4 (O Herr, nimm unsre Schuld)

ERKENNTNIS

Kreuzzeichen und Gruß

Im Namen des Vaters und des Sohnes und des Heiligen Geistes.
Der Herr sei mit euch!
Und mit deinem Geiste.

Meine Schwestern und Brüder, das Thema unserer Andacht lautet heute „Erkenntnis".

Lied GL 456,1–2 (Herr, du bist mein Leben) *oder* GL 435,1–2.4 (Herr, ich bin dein Eigentum)

Gebet Wir wollen beten.
Erhabener, ewiger Gott!
Wir suchen dich, wollen dich kennen, doch manchmal bist du uns fern und fremd. Unser Verstand reicht nicht aus, dich zu fassen. Hilf uns, dich zu erkennen, damit wir dir nahe und verbunden sind. Darum bitten wir dich durch Christus, unseren Bruder und Herrn.
Amen.

Betrachtung

An Gott bzw. Götter haben Menschen immer geglaubt, in den verschiedensten Religionen. Ein Gott war für die Entstehung der Welt verantwortlich. Ein Gott war für die Existenz des Menschen verantwortlich. Ein Gott hat Macht über Natur und Menschen. Ein Gott lässt es blitzen, ein Gott lässt es donnern, ein Gott schenkt gute Ernte und Wohlstand oder Missernte und Hunger. Jeden Gott aber müssen die Menschen gnädig stimmen, damit er ihnen gewogen ist. Dafür bringen die Menschen Opfer dar, Opfer von Tieren und Pflanzen, manchmal auch von Menschen. Das waren Gottesvorstellungen von Menschen gemacht. Wer und wie aber ist Gott wirklich? Sind wir aus eigener Kraft zur Gotteserkenntnis imstande?

Schriftlesung aus dem Evangelium nach Matthäus

Damals sagte Jesus: Ich preise dich, Vater, Herr des Himmels und der Erde, weil du dies vor Weisen und Klugen verborgen, Unmündigen aber enthüllt hast. Ja, Vater, so hat es dir gefallen. Alles ist mir von meinem Vater übergeben worden; niemand erkennt den Sohn, nur der Vater, und niemand erkennt den Vater, nur der Sohn und wem es der Sohn offenbaren will.

(Mt 11,25–27)

Betrachtung

Wir glauben an Gott. Aber wer ist Gott? Wie ist Gott? Da kommen wir ans Ende unserer Erkenntnis. Wir machen uns Vorstellungen von Gott. Jeder stellt sich Gott nach Maßgabe seiner Erziehung und eigener Überlegungen vor. Aber wie ist er wirklich?

Nur der Sohn, nur Jesus Christus kennt Gott wirklich. Und seine Aussage über Gott lautet: Er ist uns Vater – ein Sprachbild also. Wie stellen wir uns einen wirklichen Vater vor? Er hat uns lieb. Er sorgt sich um uns. Er erzieht und bildet uns. Er nimmt sich Zeit für uns. Er kennt unsere Stärken und unsere Schwächen. Über unsere Stärken freut er sich, wegen unserer Schwächen lehnt er uns nicht ab, weil er uns liebt; denn Liebe ist unverdient. Wenn wir nicht willfährig waren und Fehler gemacht haben, kann es ihn traurig machen, aber er steht trotzdem zu uns, denn er liebt uns. Wenn wir trotzig oder widerspenstig waren, verwirft er uns nicht, weil er uns liebt. Wenn wir sehr Schlimmes getan haben, macht er sich Sorgen um uns, aber er vergibt uns, denn er liebt uns.

So stellen wir uns den idealen Vater vor. Und dieses menschliche Vaterbild überträgt Jesus auf Gott und sagt: So ein Vater ist Gott für euch. Er liebt euch, darum sorgt er sich um euch und erzieht euch durch das Wort des Evangeliums. Er weiß um eure Fehler und euer Versagen, doch weil er eure Schwächen kennt und euch samt euren Schwächen liebt, vergibt er euch. Ihr könnt immer zu ihm kommen, er ist immer als Liebender und Verstehender für euch da. „Gott ist Liebe." *(1 Joh 4,8; 4,16b)* Diese Erkenntnis Gottes verdanken wir Jesus Christus.

Gebet

Wir wollen beten.
Gütiger, starker Gott!
Wir sind froh und dankbar, dass du uns Vater bist; dass du uns liebst und deshalb immer wieder zur Vergebung bereit bist, obwohl du all unser Versagen kennst. Dieses Wissen schenkt uns Mut und Vertrauen. Sei dafür gepriesen in Ewigkeit.
Amen.

Lied

GL 414,1–3 (Herr, unser Herr)

Schriftlesung

aus dem Evangelium nach Matthäus
Ihr habt gehört, dass gesagt worden ist: Du sollst deinen Nächsten lieben und deinen Feind hassen! Ich jedoch sage euch: Liebt eure Feinde und betet für die, die euch verfolgen! So werdet ihr Kinder eures Vaters im Himmel, denn er lässt seine Sonne aufgehen über Guten wie über Bösen, er lässt es regnen über Gerechte wie über Ungerechte. Wenn ihr nämlich nur die liebt, die auch euch lieben, welchen Lohn wollt ihr dafür erhalten? Tun das nicht auch die Zöllner? Und was tut ihr Besonderes, wenn ihr nur eure Brüder grüßt? Tun das nicht auch die Heiden? Ihr sollt also vollkommen sein, wie euer Vater im Himmel vollkommen ist. *(Mt 5,43–48)*

Betrachtung

Jesus fordert uns auf: „Seid vollkommen, wie euer himmlischer Vater vollkommen ist!"

Wir sollen uns also nicht bequem in den Sessel setzen und uns auf dem Wissen, dass wir einen liebenden Vater haben, ausruhen. Vielmehr sollen wir sein Verhalten uns gegenüber als Maßstab für unser Verhalten zu den Menschen nehmen.

Wie Gott mit uns umgeht, so sollen wir mit den Menschen umgehen. Wie Gott uns liebt, sollen wir einander lieben, nicht nur denen Gutes tun, die auch uns Gutes tun. Alle sollen durch uns Güte erfahren. Selbst jene, die uns feindselig begegnen, sollen sich respektiert, angenommen und geachtet fühlen. Auch für sie sollen wir beten. Ob sie recht oder unrecht getan haben, sie sollen unser Wohlwollen erfahren.

Doch sind wir damit nicht überfordert? Wir werden das wohl nur schaffen, wenn wir selber neue Menschen nach dem Maßstab Gottes werden. Vielleicht fallen uns spontan solche Menschen ein?

Wechselgebet Gutes tatest du deinem Knecht,
wie du versprochen hast, Herr.

Lehre mich Güte, Urteil, Erkenntnis,
denn ich vertraue auf deine Gebote.

Eh ich gedemütigt wurde,
ging mein Weg in die Irre;
doch nun befolg ich dein Wort.

Gut bist du, Herr, und Gutes wirkst du;
deine Weisungen lehre mich!

Schlechte Menschen verleumden mich,
ich aber halt mich mit ganzem Herzen
stets an deine Weisungen.

Gefühllos und abgestumpft ist ihr Herz,
ich aber freue mich an deiner Weisung.

Dass ich gedemütigt wurde,
war sehr nützlich für mich:
So lernte ich deine Gebote.

Lieber als alles Silber und Gold
ist mir die Weisung aus deinem Mund.

Du hast mich geschaffen, nun gib mir Einsicht,
deine Gebote zu verstehen.

Mit Freude schaun deine Frommen auf mich,
denn ich hoffe auf dein Wort.

Ich weiß, Herr, gerecht sind deine Beschlüsse,
in Treue hast du mich niedergebeugt.

Tröste mich nun in deiner Liebe,
wie deinem Knecht du versprochen hast.

Schenk mir dein Erbarmen,
Herr, damit ich lebe,
denn deine Weisung macht froh!

Schande über die Stolzen,
die mich zu Unrecht bedrücken!

Ich aber sinne nach
über deine Lehren.

Alle, die dich ehren
und deine Weisung kennen,
wenden sich mir zu.

Untadelig weile mein Herz
in allen deinen Weisungen;
so werde ich nicht zuschanden. *(Ps 119,65–80)*

Lied GL 382,1–2.5 (Ein Danklied sei dem Herrn)

Bitten Gott, unser liebender Vater, wir danken dir, dass du uns so gut bist und uns durch Jesus Christus diese Erkenntnis geschenkt hast. Doch nun bitten wir dich:

- Erhalte die Gotteserkenntnis Jesu Christi stets in uns wach!

Wir bitten dich, erhöre uns!

- Sei weiterhin unser gütiger Vater, der immer für uns da ist!
- Hilf uns, für die Nöte der Menschen wachsam zu sein!
- Gib uns die Kraft, trotz aller Schwierigkeiten der Liebe treu zu bleiben!

Denn nur mit deiner Hilfe werden wir der Mahnung Jesu gerecht werden können. Dir sei Ruhm und Ehre in Ewigkeit!
Amen.

Segen Der Herr sei mit euch!
Und mit deinem Geiste.
Es segne und behüte euch der barmherzige und gütige Gott: der Vater und der Sohn und der Heilige Geist.
Amen.

Lied GL 351,1.4.6 (Komm, Schöpfer Geist)

BEISTAND

Kreuzzeichen und Gruß

Im Namen des Vaters und des Sohnes und des Heiligen Geistes.
Der Herr sei mit euch!
Und mit deinem Geiste.

Meine Schwestern und Brüder, das Thema unserer Andacht lautet heute „Beistand“.

Lied GL 347,1–2.4 (Der Geist des Herrn erfüllt das All)

Gebet Lasst uns beten.
Gütiger und heiliger Gott!
Wir kommen zu dir mit der Bitte um deine Hilfe. Wir allein sind oft so unsicher, wissen nicht, wie viele Dinge zu beurteilen sind und wie wir uns entscheiden sollen. Auch Sorgen und Ängste bedrücken uns im Inneren. Darum bitten wir dich um deinen Beistand, um rechte Erkenntnis und um die Kraft, das jeweils Richtige und Bessere zu tun durch Christus, unseren Herrn.
Amen.

Schriftlesung aus dem Evangelium nach Johannes
Ich werde den Vater bitten, und er wird euch einen anderen Beistand geben, der für immer bei euch bleiben wird, den Geist der Wahrheit, den die Welt nicht empfangen kann, weil sie ihn nicht sieht und nicht kennt. Ihr kennt ihn, weil er bei euch bleibt und in euch sein wird. Ich werde euch nicht verwaist zurücklassen, ich komme zu euch. Nur noch kurze Zeit, und die Welt sieht mich nicht mehr; ihr aber seht mich, weil ich lebe und auch ihr leben werdet. An jenem Tag werdet ihr erkennen, dass ich in meinem Vater bin und ihr in mir seid und ich in euch bin.

(Joh 14,16–20)

Betrachtung

Jesus hat uns also einen Beistand gegeben, der für immer bei uns bleiben wird. Was kann damit gemeint sein? Das griechische Wort *parákletos* meint zunächst einen Verteidiger. Einen Rechtsanwalt zum Beispiel hat man damals so bezeichnet. Der Geist, den uns Gott gegeben hat, steht uns also zur Seite. Wenn wir in Schwierigkeiten sind, können wir uns an ihn wenden und dürfen wirklich auf ihn vertrauen. Jesus will seinen Jüngern damit Mut machen und ihr Gottvertrauen bestärken. Denn nach seiner Auferstehung werden schwere Zeiten über sie hereinbrechen: Verleumdung und Verfolgung. In solcher Situation sollen sie nicht mutlos werden oder verzweifeln, vor allem nicht an Gott zweifeln. Gott selbst wird dann ihr Beistand sein. Darauf können sie sich verlassen.

Diese Worte tun uns gut. Wir wissen ja, wie schwach wir sein können, wie schnell wir ängstlich und mutlos werden. Ob wir aus eigener Kraft widerstehen und bestehen könnten? Können wir uns auf uns selbst verlassen? Und kann sich Gott in schweren Zeiten auf uns verlassen? Weil der Herr als Beistand an unserer Seite steht, können wir gut gerüstet in die Zukunft gehen. Wir haben allen Grund, Gott für seinen Beistand dankbar zu sein.

Lied GL 342,1–3 (Komm, Heilger Geist)

Betrachtung

Wir erleben in Europa derzeit keine Christenverfolgung, in der wir uns bewähren müssten. Und doch: Christ zu sein, ist nicht immer leicht. In manchen Medien wird es uns madig gemacht, ins Lächerliche gezogen. In unserem privaten und beruflichen Umfeld müssen manche mit Spott und Ablehnung rechnen, weil sie sich zur Kirche bekennen. Schüler, die ihren Glauben zu leben versuchen und den Gottesdienst besuchen, sind gelegentlich dem Spott und der Häme von Kameraden ausgesetzt, im Extremfall werden sie sogar gemobbt. Dann wird der Glaube an Gott auf eine harte Probe gestellt.

Wenn unser Glaube auf die Probe gestellt wird, müssen und dürfen wir nicht klein beigeben und den Kopf einziehen. In scheinbarer Demut still zu sein und nicht zu widersprechen, könnte vermuten lassen, dass wir nicht auf Gottes Beistand hoffen. Jesus hat uns angehalten, für Gott und unseren Glauben an ihn Zeugnis abzulegen. Wir dürfen und sollen uns verteidigen. Gott hat uns seinen Beistand zugesagt. Wir dürfen ihn darum bitten. Auf Gott ist Verlass.

Lied GL 351,1–2.4 (Komm, Schöpfer Geist)

Gebet Wir wollen beten.
Gott, unser guter Vater!
Unser Glaube ist immer ein gefährdeter Glaube. Manchmal wird es uns schwer, ihm im konkreten Leben gerecht zu werden und dir die Treue zu halten. Weil du um unsere Unsicherheit, unseren Wankelmut und unsere Schwächen weißt, stehst du uns zur Seite. Du bist mit deinem Geist bei uns als unser Verteidiger, unser Berater und unser Helfer. Wir danken dir, dass du ein Gott-mit-uns bist, auf den wir uns verlassen können. Dir sei Dank und Ehre in Ewigkeit.

Schriftlesung aus dem Evangelium nach Johannes
Der Beistand, den der Vater in meinem Namen senden wird, wird euch alles lehren und euch an alles erinnern, was ich euch gesagt habe. Frieden hinterlasse ich euch, meinen Frieden gebe ich euch. Euer Herz erschrecke und verzage nicht! Ihr habt gehört, dass ich zu euch gesagt habe: Ich gehe hin und komme wieder zu euch. *(Joh 14,26–28a)*

Betrachtung

Die Jünger damals fürchteten den Tag, an dem der Herr von ihnen gehen und sie allein lassen könnte. Deshalb macht er ihnen in seinen Abschiedsreden Mut und verspricht ihnen, nach seinem Weggang den Geist zu senden, der ihnen als Berater und Helfer zur Seite stehen wird. Und nun identifiziert sich Jesus mit diesem Geist, indem er sagt: „Ich gehe hin und komme wieder zu euch." Er selbst also wird kommen, aber so, dass sie ihn nicht sehen werden. Darum spricht er vom Geist, den ihnen der Vater senden wird. Er und der Geist sind ein und derselbe. Das Wissen um ihn in unserer Mitte schenkt uns Frieden, denn in diesem Wissen haben wir keinen Grund zu verzagen. Wir können uns getrost aufmachen und für ihn Zeugnis ablegen. Alle Welt darf und soll durch uns erfahren, dass Gott ist und wer Gott ist: einer, der alle Menschen liebt und als Freunde für sich gewinnen will.

Gott steht uns bei. Aber beistehen kann man nur dem, der sich selber bemüht. Wir dürfen es uns deshalb nicht spießbürgerlich im

Lehnstuhl bequem machen und denken: Gott wird es schon richten. Wir dürfen nicht alles auf Gott allein schieben. Wir müssen selber agieren. Unser Leben und Handeln muss ein Zusammenspiel mit dem helfenden Gott sein. Lebendig sein und uns einsetzen ist unsere Aufgabe.

Wechselgebet Viele, Herr, sind es, die mich bedrängen,
viele stehn feindlich gegen mich auf.

Ja, über mich reden viele und sagen:
„Bei Gott gibt es keine Rettung für ihn."

Du aber, Herr, du stehst mir bei,
du bist meine Ehre, richtest mich auf.

Mit lauter Stimme ruf ich zum Herrn,
in seiner Güte erhört er mich.

Ich lege mich nieder und schlafe ein,
ich steh wieder auf, denn der Herr steht mir bei.

Zahllose Menschen fürchte ich nicht,
auch wenn sie mich ringsum feindlich bedrängen.

Erhebe dich, Herr, mein Gott und mein Retter!
Du beschämst meine Feinde in ihrem Wahn.

Beim Herrn ist Hilfe, beim Herrn ist Heil.
Dein Segen komme über dein Volk! *(Ps 3)*

Fürbitten Den Vater, der in Jesus Christus bei uns ist, wollen wir nun bitten:
Herr, erbarme dich!

- Wir beten für jene Christen, die ihres Glaubens wegen Verfolgung erleiden.
- Für alle, denen das Bekennen des Glaubens schwer gemacht wird.
- Für uns und alle Christen um Stärkung und Hilfe durch deinen Geist.
- Für uns selbst um die Bereitschaft zum Engagement für dich und den Glauben.

Im Vertrauen auf deine Zusage des Geistes und Beistands in unserem Leben wollen wir alle Tage ans Werk gehen und das Bestmögliche tun durch Christus, unseren Herrn.

Segen Der Herr sei mit euch!
Und mit deinem Geiste.
Es segne und behüte euch der barmherzige und gütige Gott: der Vater und der Sohn und der Heilige Geist.
Amen.

Lied GL 346,1–3 (Atme in uns, Heiliger Geist)

ZUKUNFT

Kreuzzeichen und Gruß

Im Namen des Vaters und des Sohnes und des Heiligen Geistes.
Der Herr sei mit euch!
Und mit deinem Geiste.

Meine Schwestern und Brüder, das Thema unserer Andacht lautet heute „Zukunft".

Lied GL 323 (Du hast mein Klagen in Tanzen verwandelt)

Gebet Wir wollen beten.
Geheimnisvoller und liebender Gott!
Viele Fragen beschäftigen uns im Leben. Eine davon ist die Frage nach der Zukunft. Haben wir eine Zukunft? Auch nach dem Sterben? Gibt es nach dem Sterben noch etwas? Etwa ein Leben? Wir würden uns freuen – allerdings nur, wenn es für alle schöner wäre als das auf der Erde. Antwort auf diese Fragen wollen wir in der Botschaft Jesu suchen, der mit dir und dem Geist lebt und Herr ist in Ewigkeit.
Amen.

Schriftlesung aus dem Evangelium nach Matthäus
Da kam einer zu Jesus und sagte: Meister, was soll ich Gutes tun, um das ewige Leben zu erhalten? Jesus antwortete ihm: Was fragst du mich nach dem Guten? Einer ist der Gute. Wenn du aber in das Leben gelangen willst, halte die Gebote! Nun fragte er ihn: Welche? Und Jesus erwiderte: Du sollst nicht töten, du sollst nicht die Ehe brechen, du sollst nicht stehlen, du sollst keine falsche Zeugenaussage machen, ehre deinen Vater und deine Mutter und: Du sollst deinen Nächsten lieben wie dich selbst! Darauf entgegnete der junge Mann: All dies habe ich befolgt. Was fehlt mir noch? Da sagte Jesus zu ihm: Wenn du vollkommen sein willst, dann geh, verkauf deine Güter und

gib den Armen; so wirst du einen Schatz im Himmel haben. Dann komm her und folge mir! *(Mt 19,16–21)*

Betrachtung
Ein Mann fragt Jesus, was er tun müsse, um das ewige Leben zu erhalten. Das ist ihm entscheidend wichtig. Er weiß, dass dies nicht ein beliebiges Tun sein kann, deshalb spricht er sofort vom Tun des Guten. Aber woher weiß man, was dieses Gute ist?

Die Antwort Jesu lautet zusammengefasst: Du musst das Liebesgebot erfüllen, und zwar allen gegenüber. Im Gebot der Liebe sind ja sämtliche Weisungen der Zehn Gebote kurz und präzise zusammengefasst. Allein auf die Liebe kommt es letztlich an. An der Verwirklichung der Liebe hängt deine Zukunft. Besondere Betonung liegt dabei noch auf der Sorge für die Armen.

Auf die Liebe allein kommt es an, denn aus der Liebe strömen die anderen Tugenden wie Güte, Barmherzigkeit, Vergebungsbereitschaft, Treue und Tapferkeit. Und wenn du aus der Liebe lebst, sagt Jesus, wirst du einen Schatz im Himmel haben. Wir würden heute umgangssprachlich sagen: Dann wirst du in den Himmel kommen.

Gebet Wir wollen beten.
Heiliger und erhabener Gott!
Wir haben auf unser Fragen eine erste Antwort erhalten. Ja, es gibt für uns ein Leben im Himmel, also ein Leben bei dir. Denn im Himmel sein heißt, bei Gott sein. Wir danken dir, dass du eine solche Zukunft für uns bereiten wirst durch Christus, unseren Herrn. Amen.

Lied GL 334 (O Licht der wunderbaren Nacht)

Betrachtung
Was ist eigentlich der Himmel? Zur Zeit Jesu galt in Israel das altorientalische Weltbild. Danach stellten sich die Menschen den Himmel als den Wohnsitz Gottes vor. Dort oben über den Wolken, über unserer Atmosphäre steht der Thron Gottes. Und wer dorthin gelangt, ist im Himmel. Man hatte das Bild eines menschlichen Königs auf Gott übertragen, weshalb er über allen Menschen auf einem Thron sitzen musste. So dachten die Menschen damals, darum nutzt auch Jesus dieses Bild, um von seinen Zeitgenossen verstanden zu werden.

Heute aber fragen wir: Was ist eigentlich der Himmel? Wie sollen wir uns den Himmel und ein Leben in ihm vorstellen? Wir finden darauf keine befriedigende Antwort. Für uns heute ist der Himmel ein weißer Fleck auf der Landkarte. Das altorientalische Weltbild ist längst überholt. Gott ist nicht irgendwo über den Wolken im Himmel. Gott ist überall, allgegenwärtig. Und er ist kein weltlicher Fürst, der einen Thron zum Regieren braucht.

Der Begriff Himmel ist für uns ein leeres, hohles Wort geworden. Wir wissen nicht, was wir uns darunter vorstellen sollen. In den Himmel kommen klingt sehr unpersönlich. Da wissen wir nicht, an was für einen geheimnisvollen Ort wir kommen.

Schriftlesung aus dem Evangelium nach Johannes

Euer Herz soll sich nicht verwirren lassen. Glaubt an Gott und glaubt an mich! Im Haus meines Vaters sind viele Wohnungen. Hätte ich euch sonst gesagt, dass ich hingehe, um einen Platz für euch vorzubereiten? Wenn ich gegangen bin und einen Platz für euch bereitet habe, komme ich wieder und werde euch zu mir nehmen, damit auch ihr seid, wo ich bin. *(Joh 14,1–3)*

Betrachtung

Im Haus seines Vaters wird uns Jesus einen Platz bereiten. Wenn Jesus unmittelbar von unserer Zukunft nach dem Sterben spricht, ist niemals die Rede vom Himmel. In dieser Situation sagt er niemals, dass wir in den Himmel kommen werden, sondern im Haus des Vaters werden wir wohnen. Zum ewigen Leben werden wir auferstehen. *(Joh 5,24; 5,29; 10,28)* Auch von sich selbst sagt Jesus nie, dass er in den Himmel kommen wird. Er sagt: „Ich gehe hinauf zu meinem Vater und zu eurem Vater, zu meinem Gott und zu eurem Gott.“ *(Joh 20,17)*

In den Himmel kommen klingt sehr unpersönlich. Da wissen wir nicht, an was für einen geheimnisvollen Ort wir kommen und wie wir uns diesen vorstellen sollen. Das Wort Himmel löst keinerlei persönliche Gefühle in uns aus. Ganz anders, wenn Jesus sagt, dass wir zum Vater kommen. Der Vater ist jemand, ist einer, der uns nahesteht, der uns liebt, bei dem wir geborgen sind. Beim Vater ist man zuhause. Zum Vater gehen wir gerne und ohne jede Angst. Zu einem Vater, der, wie Jesus immer wieder sagt, uns liebt, barmherzig und vergebend mit uns umgeht, wollen wir gerne kommen. Wer müsste da noch Angst vor dem Sterben haben?

Wechselgebet Behüte mich, Gott,
bei dir suche ich Zuflucht!

Ich sage zum Herrn: „Du bist mein Glück,
nichts freut mich mehr, nichts kommt dir gleich.“

Die Frommen im Lande sind meine Freude,
mein Sehnen und Streben gilt ihnen allein.

Wer fremden Göttern Ehre erweist,
wird großes Leid und Sorge ernten;

ihr Name kommt nicht auf meine Lippen,
noch bringe ich ihnen Opfer dar.

Für dich allein will ich leben, o Herr,
in deiner Hand nur bin ich geborgen.

Mein Gott, du hast mich reichlich beschenkt,
ich freue mich täglich all deiner Gaben.

Ich preise den Herrn, er hat mich beraten,
spricht nächtens mahnend mir ins Gewissen.

Ich halte mir allzeit den Herrn vor Augen;
Er steht mir zur Seite, so wanke ich nicht.

Des freut sich mein Herz und frohlockt meine Seele
und sorglos und sicher darf ruhen mein Leib.

Dem Tod überlässt du mein Leben nicht,
du lässt deinen Frommen nicht untergehn.

Du zeigst mir den Weg zur Fülle des Lebens
und Freude für immer gewinn ich bei dir. *(Ps 16)*

Fürbitten

Unseren fürsorgenden Vatergott wollen wir bitten:
Herr, unser Gott, erbarme dich!

- Wir beten für all jene Menschen, die nichts von dir und dem Leben nach dem Sterben wissen.
- Für jene Getauften, die zwar von dir wissen, aber leben, als gäbe es dich nicht.
- Für alle, die durch Katastrophen, Unfälle oder Krieg aus dem Leben gerissen werden.
- Für uns selber und jene, die uns besonders nahestehen.

Ja, Vater, du sorgst dich auch um unsere Zukunft nach dem Tod und wirst uns zu dir, ins ewige Glück, in dein Vaterhaus, holen. Dafür sagen wir dir Dank und Lobpreis jetzt und in Ewigkeit.
Amen.

Segen

Der Herr sei mit euch!
Und mit deinem Geiste.
Es segne und behüte euch der barmherzige und gütige Gott: der Vater und der Sohn und der Heilige Geist.
Amen.

Lied

GL 336 (Jesus lebt, mit ihm auch ich)

EHRFURCHT

Kreuzzeichen und Gruß

Im Namen des Vaters und des Sohnes und des Heiligen Geistes.
Der Herr sei mit euch!
Und mit deinem Geiste.

Meine Schwestern und Brüder, das Thema unserer Andacht lautet heute „Ehrfurcht“.

Lied GL 409,1.4 (Singt dem Herrn ein neues Lied)

Gebet Wir wollen beten.
Heiliger, ewiger Gott!
Du bist aller Ehren wert, denn du bist groß und erhaben, nichts und niemand kommt dir gleich. Du bist uns ein Vater, der um uns besorgt ist und zu dem wir jederzeit kommen dürfen. Darum gebührt dir Dank und Ruhm und Ehre heute und in Ewigkeit.
Amen.

Schriftlesung aus dem Brief an die Epheser
Einer ordne sich dem anderen unter in der gemeinsamen Ehrfurcht Christi! Ihr Männer, liebt eure Frauen, wie auch Christus die Kirche geliebt und sich für sie hingegeben hat, um sie zu heiligen, da er sie gereinigt hat durch das Wasserbad im Wort! So will er die Kirche herrlich vor sich hinstellen ohne Flecken oder Falten oder andere Fehler; heilig soll sie sein und makellos. *(Eph 5,21.25–27)*

Betrachtung

Seinen Anweisungen, wie sich Frauen und Männer zueinander verhalten sollen, stellt der Apostel die Ehrfurcht vor dem Herrn voran, denn sie ist die Grundlage für den Umgang der Menschen miteinander. Die Ehrfurcht gegenüber Christus gebietet uns Respekt und Hochachtung ihm gegenüber. Daraus folgt für den Apostel, dass wir Jesu Verhalten uns gegenüber aufnehmen und nachvollziehen, also die Liebe verwirklichen. Die Ehrfurcht vor Gott versteht schon der Psalmist des Alten Testaments als Basis für das menschliche Verhalten, wenn er sagt, dass er sich aus Ehrfurcht vor dem Herrn vor dem heiligen Tempel niederwirft. *(Ps 5,8)*

(Gemeinsames) Gebet GL 7,6

Lied GL 413,1–2 (Ehre, Ehre sei Gott in der Höhe)

Betrachtung

Das Wort Ehrfurcht vor Gott verbinden wir spontan mit Furcht oder Angst vor Gott. Das ist aber überhaupt nicht gemeint. Ehrfurcht vor Gott meint nicht das Fürchten vor Gott, sondern vielmehr das Fürchten um Gottes Ehre. Ein Christ ist besorgt um die Ehre Gottes. Ihm liegt daran, dass Gott die ihm gebührende Ehre erwiesen wird. Denn wer Gott nicht ehrt, dem liegt auch nichts an Gott, dem ist er gleichgültig. Darum bezeichnet die Kirche das Fluchen als Sünde. Wir ehren Gott in unserem Denken und Beten, aber auch mit unserer Körperhaltung und unseren Gesten, etwa durch eine Verneigung oder eine Kniebeuge. Da machen wir uns klein vor ihm, um auszudrücken, dass er der Große, der Herr ist, wir seine dankbaren Diener und Dienerinnen sind.

Im Alltag sind wir Menschen jedoch keineswegs so sehr auf die Ehre Gottes bedacht. Meistens geht es uns nämlich um unsere eigene Ehre. Wir achten auf unser Ansehen bei den Menschen, nicht auf Gottes Ansehen. Wir zeigen gerne her, was wir uns leisten können. Es muss zum Beispiel ein solches Auto oder solche Kleidung sein, dass die anderen Respekt vor uns haben. Dabei sagen solche Dinge nichts darüber aus, wer wir tatsächlich sind und was wir taugen. Der größte Gangster kann schöne Kleider tragen und ein teures Auto fahren. Auch legen wir Wert auf unsere Titel, werden gerne damit angesprochen und fühlen uns geehrt.

Fürsten trugen als Zeichen ihrer Würde auffällige Kleidung, einen wertvollen Siegelring am Finger, eine Krone auf dem Kopf und ein Zepter in der Hand. Auch die Kirche hat dieses Denken der Welt übernommen. In Nachahmung der weltlichen Herren steckten sich die Würdenträger einen kostbaren Ring an den Finger, trugen eine Tiara oder Mitra auf dem Kopf und in der Hand einen Hirtenstab anstelle des Zepters. Diese äußeren Zeichen sollten den Menschen Ehrfurcht einflößen.

Die Heilige Schrift aber mahnt uns, dass wir um die Ehre Gottes besorgt sein sollen. So sagt die Kirche: Dem Herrn gebührt alle Ehre. Vor Christus, dem Herrn, sollen wir die Knie beugen. Am Beginn der Karfeitagsliturgie legen sich die Kleriker vor dem Herrn sogar flach auf den Boden. Diese Prostratio geschieht in Anlehnung an das oströmische Kaiserritual, wo sich die Untertanen bei einer Audienz vor ihrem Herrscher zu Boden werfen mussten.

Lied GL 388 (Heilig, heilig, heilig)

Schriftlesung aus dem ersten Brief an Timotheus
Ehre die Witwen, wenn sie wirklich Witwen sind! Hat eine Witwe aber Kinder oder Enkel, dann sollen diese lernen, zuerst denen im eigenen Haus Ehrfurcht zu erweisen und dankbar für die älteren Generationen zu sorgen; denn das ist wohlgefällig vor Gott. *(1 Tim 5,3–4)*

Betrachtung

Der Apostel weist uns darauf hin, dass wir nicht nur Gott, sondern auch den Menschen mit Ehrfurcht begegnen sollen. Denn in Gottes Augen ist jeder Mensch sein geliebter Sohn bzw. seine geliebte Tochter. Sie sollen spüren, dass wir vor ihnen Achtung und Respekt haben. Denn in Gottes Augen ist jeder Mensch sein wertvoller Sohn oder seine wertvolle Tochter. Jesus selbst hatte ja gesagt, wir sollten den Nächsten lieben wie uns selbst. Wen wir lieben, dem verweigern wir auch die Ehre nicht, im Gegenteil, wir erweisen sie ihm. Wir zeigen das in der Art, wie wir einander grüßen, einander helfen, uns füreinander Zeit nehmen. Alle Achtung, die wir für uns selber wünschen, sollen wir also auch den anderen entgegenbringen. Das machen wir nicht davon abhängig, wer der andere ist oder was er kann; auch nicht davon, ob er selber ehrenhaft lebt oder Straftäter ist. Weil er ebenso wie wir selber Kind Gottes und von ihm geliebt ist, ist er aller Ehre wert.

Ebenso aber sollen wir den Lebewesen und Dingen der Schöpfung ehrfurchtsvoll begegnen. Sie zu hüten und zu pflegen bedeutet, das Werk des Schöpfers zu achten und fortzuführen, um es für die Nachwelt zu erhalten.

Wechselgebet Preisen will ich den Herrn allezeit,
sein Lobpreis sei immer in meinem Mund!

Meine Seele rühme sich des Herrn,
Demütge sollen es hörn und sich freun.

Verherrlicht mit mir den Herrn,
gemeinsam lasst uns ihn rühmen!

Ich suchte den Herrn, und er hat mich erhört,
er hat mich aus all meinen Ängsten befreit.

Schaut auf zu ihm, dann werdet ihr fröhlich,
und niemals müsst ihr vor Scham erröten.

Der Arme rief, und der Herr hat gehört,
er hat ihn aus all seinen Nöten befreit.

Der Engel des Herrn lässt sich nieder bei denen,
die Gott ehren, um sie zu retten.

Kostet und seht die Güte des Herrn!
Selig, die bei ihm sich bergen.

Ihr, seine Frommen, achtet den Herrn!
Denn wer ihn ehrt, ist frei von Not.

Arm wurden Große und litten Hunger,
doch wer den Herrn sucht, muss nicht darben.

Kommt, ihr Menschen, hört mir zu,
Respekt vor dem Herren will ich euch lehren.

Wer ist der Mensch, der das Leben liebt,
der glückliche Tage zu sehen wünscht?

Halt deine Zunge vor Bösem zurück,
die Lippen vor hinterlistiger Rede.

Lass ab vom Bösen und tu das Gute,
suche Frieden und bleibe bei ihm.

Die Augen des Herrn blicken auf die Gerechten
und seine Ohren hören ihr Rufen.

Es wendet der Herr sich gegen die Bösen,
tilgt ihr Gedächtnis aus von der Erde,

doch die zum Herrn rufen, werden erhört,
aus all ihren Ängsten rettet er sie.

Gebrochenen Herzen ist nahe der Herr,
zerknirschten Geist ermutigt er.

Viel Übles muss der Gerechte ertragen,
aus allem jedoch wird der Herr ihn erretten.

All seine Glieder behütet er,
nicht eines von ihnen wird ihm zerbrochen.

Den Frevler tötet die eigene Bosheit,
bestraft wird, wer den Gerechten hasst.

Seiner Diener Seele rettet der Herr,
straflos bleibt, wer zu ihm sich flüchtet. *(Ps 34)*

Bitten

Erhabener und gütiger Gott!
Als deine unvollkommenen Söhne und Töchter bringen wir unsere Bitten zu dir:
Erhöre, Herr, unser Gebet!

- Lass deinen Geist in uns wirken, damit wir dir stets in Ehrfurcht begegnen!
- Stärke unseren Mut und unsere Tapferkeit, damit wir uns immer und überall zu dir bekennen!
- Bewahre jene, die nicht an dich glauben, davor, dich zu verhöhnen und deiner zu spotten!
- Hilf uns Christen, so zu leben, dass die Menschen an unserem Verhalten nicht Anstoß nehmen können!

Denn du allein bist der Heilige, du allein der Höchste,
du allein der Herr heute und in Ewigkeit.
Amen.

Segen

Der Herr sei mit euch!
Und mit deinem Geiste.
Es segne und behüte euch der barmherzige und gütige Gott: der Vater und der Sohn und der Heilige Geist.
Amen.

Lied

GL 381,1–2 (Dein Lob, Herr, ruft der Himmel aus)

WAHRHAFTIGKEIT

Kreuzzeichen und Gruß

Im Namen des Vaters und des Sohnes und des Heiligen Geistes.
Der Herr sei mit euch!
Und mit deinem Geiste.

Meine Schwestern und Brüder, das Thema unserer Andacht lautet heute „Wahrhaftigkeit".

Lied GL 144,1.5–6 (Nun jauchzt dem Herren, alle Welt)

Gebet Wir wollen beten.
Gott, unser Vater,
wir sind zusammengekommen, um dein Wort zu hören und über unser Leben nachzudenken. Du weißt, dass vieles, was wir Menschen tun und sprechen, nicht in Ordnung ist und deinem Willen widerspricht. Darum bitten wir dich: Öffne unseren Geist und unser Herz, damit wir rechte Erkenntnis gewinnen und das Erkannte auch in die Tat umsetzen durch Christus, unseren Herrn.
Amen.

Schriftlesung aus dem Propheten Jeremia
Sie machen ihre Zunge zu einem gespannten Bogen; Lüge, nicht Wahrhaftigkeit herrscht im Land. Ja, sie schreiten von Verbrechen zu Verbrechen; mich aber kennen sie nicht – Spruch des Herrn.
Nehmt euch in Acht vor eurem Nächsten, keiner traue seinem Bruder! Denn jeder Bruder betrügt und jeder Nächste verleumdet.
Ein jeder täuscht seinen Nächsten, die Wahrheit reden sie nicht. Sie haben ihre Zunge gelehrt, Lügen zu reden, sie handeln verkehrt, zur Umkehr sind sie zu träge. *(Jer 9,2–4)*

Betrachtung
Mit diesen Worten beschreibt der Prophet den Umgang der Israeliten miteinander, wie er ihn in seiner Zeit erlebt. Er legt seine klagenden und anklagenden Worte Gott selbst in den Mund, um damit auszudrücken, dass auch Gott über solches Verhalten der Menschen zueinander entsetzt ist. Keiner kann dem andern mehr trauen. Ihre Zunge haben sie der Lüge gewidmet, ihre Worte der Verleumdung geweiht. Jeder ist nur auf seinen Vorteil aus, vor Betrug schrecken sie nicht zurück, Verbrechen üben ist an der Tagesordnung. Und bei alldem stellt der Prophet fest: Gedanken an Umkehr hat keiner im Sinn.

Lied GL 140,1–3 (Kommt herbei, singt dem Herrn)

Betrachtung
Sind wir heute besser als die Israeliten zur Zeit des Propheten? Schwindel und Lüge scheinen bei uns beheimatet zu sein. Was will man uns in der Werbung alles aufreden! Um Geld zu machen, darf man das doch – denken manche. Wir hören von Betrug und Steuerhinterziehung; Geldgier steht im Mittelpunkt unserer Gesellschaft. Beim Dieselskandal wird der Staat, dessen Subventionen man gerne annimmt, aber sogar der eigene Kunde betrogen, der angeblich König ist. Eine verlogene Gesellschaft. Würde der Prophet heute leben, würde er auch den Mietwucher ansprechen. Hauptsache ist doch, ich werde reich, mögen die anderen zugrunde gehen! Viele leiden an Verleumdungen. Im Internet werden über Unschuldige Fake News verbreitet, schon Schüler und Schülerinnen werden damit gemobbt und manchmal sogar aus Verzweiflung und Hilflosigkeit zum Selbstmord getrieben. Und da wird hintenherum über andere getratscht, ob alles wahr ist, wird nicht überprüft, Hauptsache, ich kann mich damit wichtig machen. So hässlich können wir sein, zerreißen uns über andere den Mund!

Das ist unsere heutige Gesellschaft: Jeder will für sich das Beste herausholen, mögen die anderen dadurch ruhig zugrunde gehen. Hauptsache ist doch, ich bin der Stärkere und mir geht es gut und immer besser. Wir sind ein verlogenes und habgieriges Volk. Da ist kein Unterschied zum Volk des Propheten damals zu erkennen. Würde der Prophet heute leben, würde er sagen: Ihr seid ein verbrecherisches Volk.

Doch halt! Es gibt ja auch die anderen. Es gibt bei uns auch die Ehrlichen und die, denen das Schicksal der anderen nicht gleichgültig ist. Es gibt auch jene, von denen der Apostel im Kolosserbrief sagt: „Tötet, was irdisch an euch ist: Unzucht, Unreinheit, Leidenschaft, böse Begierde und die Habsucht, die Götzendienst ist! All das zieht den Zorn Gottes nach sich. Einst war auch euer Lebenswandel von solchen Dingen bestimmt, ihr habt darin gelebt. Jetzt aber sollt auch ihr das alles ablegen: Zorn, Wut, Bosheit, Lästerung und schmutzige Rede, die aus eurem Munde kommt. Belügt einander nicht, denn ihr habt den alten Menschen mit seinen Taten abgelegt und habt den neuen Menschen angezogen, der nach dem Bild seines Schöpfers erneuert wird, um ihn zu erkennen." *(Kol 3,5–10)*

Gebet

Wir wollen beten.
Unendlich heiliger Gott,
es ist schlimm, wie Menschen miteinander umgehen. Die Gier nach Geld und Macht und Ehre macht Menschen zu menschenfeindlichen Wesen. Schlimmer aber noch: Auch wir Christen sind immer wieder zu bösem Reden und Handeln versucht. Wir müssen uns ändern und bitten dich um Ausdauer und Stärkung auf diesem Weg durch Christus, unseren Herrn.
Amen.

Lied

GL 474,1–3 (Wenn wir das Leben teilen)

Schriftlesung

aus dem Evangelium nach Matthäus
Ihr habt auch gehört, dass euren Vorfahren gesagt worden ist: Du sollst keinen Meineid schwören! Du sollst halten, was du dem Herrn geschworen hast! Ich aber sage euch, schwört überhaupt nicht; nicht beim Himmel, denn er ist Gottes Thron; auch nicht bei der Erde, denn sie ist der Schemel seiner Füße; nicht bei Jerusalem, denn sie ist die Stadt des großen Königs; auch nicht bei deinem Kopf sollst du schwören, denn du kannst nicht bestimmen, in welcher Farbe dein Haar wächst. Vielmehr: Wenn du Ja sagst, muss es wahr sein, und wenn du Nein sagst, muss es wahr sein. Alles andere ist böse. *(Mt 5,33–37)*

Betrachtung
In einem einzigen Satz bringt Jesus auf den Punkt, wie wir vor Gott in Ordnung sind: Dein Ja muss wahr sein und dein Nein muss wahr sein. Was immer du auch sagst, es muss wahr sein, es darf nicht geheuchelt sein, nicht gelogen, darf keine Verleumdung beinhalten und keinen Betrug. Auf dich und dein Wort muss absoluter Verlass sein. So und nur so bist du in Gottes Augen, aber auch vor der Welt ein aufrichtiger Mensch. Das also ist ein Kennzeichen des Christen. Mit diesen Worten lehnt Jesus das Schwören ab, denn das Wort eines Christen ersetzt den Eid und macht ihn überflüssig, weil es immer wahr ist.

Ist das nicht wunderbar? Möchten wir nicht auch solche Menschen sein? Von den anderen erwarten wir es ja auch. Und wie schön wäre die Welt, wenn sich alle daran hielten. Leider müssen wir zugeben, dass wir nicht immer so sind. Wir müssen bei uns selber damit anfangen, müssen an uns arbeiten, dass wir solche Menschen werden.

Wechselgebet Selig, deren Weg ohne Tadel,
die leben nach der Weisung des Herrn.

Selig, die seine Gebote beachten,
die ihn suchen mit ganzem Herzen.

Keinerlei Unrecht verüben sie,
wandeln immer auf seinen Wegen.

Du hast deine Weisung erlassen
zur eifrigen Beachtung.

Ach ginge ich doch immer
die Wege deiner Gebote!

Dann würde ich niemals beschämt,
weil ich deine Weisung beachte.

Ich danke dir ehrlichen Herzens,
da ich zu lernen bemüht bin
deiner Gerechtigkeit Ordnung.

Deinen Weisungen will ich folgen,
lass mich, o Herr, doch niemals im Stich!

Wie geht ein junger Mann
tadellos seinen Weg?
Wenn er sich hält an dein Wort.

Mit ganzem Herzen suche ich dich,
lass mich nicht weichen von deinen Geboten!

In meinem Herzen bewahr ich dein Wort,
damit ich nicht sündige gegen dich.

Gepriesen seist du, o Herr,
lehre mich deine Gebote!

Meine Lippen verkünden
alle deine Gebote.

Mehr als großer Reichtum erfreut,
erfreut mich der Weg, den du vorgeschrieben.

Ich denke nach über deine Verordnung,
wohl beachte ich deine Pfade.

Ich habe Freude an deinen Gesetzen,
niemals will ich dein Wort vergessen.

(Ps 119,1–16)

Fürbitten

Erhabener Gott, unser Vater, miteinander wollen wir dich nun bitten:
Stärke uns im Tun des Guten!

- Wecke in allen Menschen die Bereitschaft zur Wahrhaftigkeit im Umgang miteinander!
- Führe die Politiker zu der Erkenntnis, dass ein friedliches Zusammenwirken der Staaten nur auf der Basis gegenseitiger Wahrhaftigkeit möglich ist!
- Festige in uns allen die Treue zur Wahrhaftigkeit im Reden und im Tun!
- Gib uns den Beistand, den Heiligen Geist, damit wir den jungen Menschen ein Beispiel der Wahrhaftigkeit geben!

Denn du bist der Wahrhaftige schlechthin, auf dich und dein Wort ist immer Verlass. Dafür danken wir dir durch Christus, unseren Herrn.
Amen.

Segen Der Herr sei mit euch!
Und mit deinem Geiste.
Es segne und behüte euch der barmherzige und gütige Gott: der Vater und der Sohn und der Heilige Geist.
Amen.

Lied GL 347 (Der Geist des Herrn erfüllt das All)

VERANTWORTUNG

Kreuzzeichen und Gruß

Im Namen des Vaters und des Sohnes und des Heiligen Geistes.
Der Herr sei mit euch!
Und mit deinem Geiste.

Meine Schwestern und Brüder, das Thema unserer Andacht lautet heute „Verantwortung“.

Lied GL 487 (Nun singe Lob, du Christenheit)

Gebet Wir wollen beten.
Erhabener, ewiger Gott!
Wir sind zusammengekommen, weil wir dir nahe sein wollen. Dazu wollen wir dein Wort hören, in uns aufnehmen, darüber nachdenken und die Konsequenzen daraus ziehen. Wir bitten dich um deinen Beistand für unser Tun durch Christus, unseren Herrn.
Amen.

Schriftlesung aus dem Evangelium nach Matthäus
Mit dem Himmelreich ist es wie mit einem Mann, der verreisen wollte; deshalb rief er seine Knechte und vertraute ihnen seine Güter an. Dem einen gab er fünf Talente, dem anderen zwei, einem dritten eines, jedem nach seinen Fähigkeiten. Dann reiste er ab. Sofort begann jener, der die fünf Talente erhalten hatte, mit ihnen zu wirtschaften, und erwarb fünf weitere hinzu. Ebenso erwarb jener, der die zwei erhalten hatte, zwei weitere dazu. Der aber das eine Talent erhalten hatte, ging hin, grub die Erde auf und versteckte das Geld seines Herrn darin.
Nach langer Zeit kam der Herr jener Knechte und hielt Abrechnung mit ihnen. Da kam jener, der die fünf Talente erhalten hatte, brachte fünf weitere Talente und sagte: Herr, fünf Talente hast du mir übergeben; schau, fünf weitere habe ich dazugewonnen.

Sein Herr sagte zu ihm: Recht so, du guter und treuer Knecht; über Weniges bist du treu gewesen, über Vieles werde ich dich einsetzen. Geh ein in die Freude deines Herrn! Auch jener, der die zwei Talente erhalten hatte, kam und sagte: Herr, zwei Talente hast du mir übergeben; schau, zwei weitere Talente habe ich gewonnen. Sein Herr sagte zu ihm: Recht so, du guter und treuer Knecht; über Weniges bist du treu gewesen, über Vieles werde ich dich einsetzen. Geh ein in die Freude deines Herrn! Dann kam auch jener, der das eine Talent empfangen hatte, und sagte: Herr, ich wusste, dass du ein strenger Mann bist; du erntest, wo du nicht gesät hast, und sammelst, wo du nicht ausgestreut hast; in meiner Angst ging ich hin und verbarg dein Talent in der Erde. Hier hast du es wieder. Sein Herr aber entgegnete ihm: Du böser und fauler Knecht, du wusstest, dass ich ernte, wo ich nicht gesät habe, und sammle, wo ich nicht ausgestreut habe? Dann hättest du mein Geld wenigstens auf die Bank bringen müssen, damit ich es bei meiner Rückkehr mit Zinsen zurückerhalten hätte. Darum nehmt ihm das Talent und gebt es dem, die die zehn Talente hat! Denn wer hat, dem wird gegeben, ja im Überfluss gegeben werden; wer aber nicht hat, dem wird auch, was er hat, noch genommen werden. Werft den unnützen Knecht hinaus in die äußerste Finsternis! Dort wird Weinen und Zähneknirschen sein. *(Mt 25,14–30)*

Betrachtung

Jesus vergleicht hier das Leben eines Christen mit der Tätigkeit eines Knechtes. Die ganze Erzählung ist ein Gleichnis für das Himmelreich. Himmelreich ist ein spezieller Ausdruck des Matthäus, die anderen Evangelisten sprechen immer vom Reich Gottes. Bei allen ist damit die Herrschaft Gottes gemeint. Er allein ist in Wahrheit unser Herr. Das Geld, das der Mann im Gleichnis seinen Knechten anvertraut, sind die Gaben, die uns Menschen anvertraut sind. Wie die Knechte im Gleichnis mit ihren Talenten für den Mann während seiner Abwesenheit arbeiten sollen, so sollen wir im Leben mit unseren Gaben, unseren Fähigkeiten und Möglichkeiten arbeiten. Aber wofür? Eben für den Herrn, für das Herrsein Gottes. Das meint: Uns Christen ist von Gott die Verantwortung dafür aufgetragen, dass wir uns in dieser Welt, in unserer Gesellschaft dafür einsetzen, dass Gottes Herrschaft anerkannt wird, dass Gott als der Herr schlechthin verstanden und respektiert wird, dass wir Menschen ihn den Herrn sein lassen, indem wir Botschaft und Lehre Jesu verwirklichen. Dafür sind wir von Gott in die Verantwortung genommen – wir alle, nicht nur Priester, Diakone und Ordensleute. Das wäre ein Abschieben unserer eigenen Verantwortung.

Gebet Wir wollen beten.
Heiliger, großer Gott!
Du traust uns zu, die Aufgaben, die uns übertragen sind, zu übernehmen und dabei unserer Verantwortung vor dir gerecht zu werden. Du weißt aber um unsere Schwächen und Nachlässigkeiten. Deshalb bitten wir dich um die nötige Kraft und Ausdauer, damit wir dich nicht enttäuschen und unseren Aufgaben gerecht werden durch Christus, unseren Herrn. Amen.

Betrachtung

Solange der Herr des Gleichnisses verreist ist, tragen seine Knechte die Verantwortung für seine Belange in der Heimat. Das heißt: Uns Christen hat der Herr die Verantwortung für die Welt übertragen, bis er selber wiederkommen wird.

Spontan denken wir wohl an unsere Verantwortung für die eigene Familie. Diese liegt uns am meisten auf dem Herzen. Aber auch wir selbst sind ein Teil der Welt, wir tragen auch für uns selber Verantwortung: für unsere Gesundheit und unser Leben; für unseren Charakter, seine Bildung und Ausprägung. Wir sind dafür verantwortlich, als welcher Mensch wir vor Gott dastehen – ob wir Gott und die Menschen Liebende sind, nicht nur in Gedanken, sondern auch in Werken; ob wir in unserem Reden und Handeln die Wahrheit Liebende sind; ob wir anderen gegenüber die Gerechtigkeit Liebende sind; ob wir die Augen vor der Not anderer verschließen oder zu Taten schreiten; ob wir nur uns selber lieben oder die anderen lieben wie uns selbst.

Wir sollen uns und alle Menschen zu Gott hin leiten. Denn je mehr wir in unserem Denken, Wollen und Handeln dem Denken,

Wollen und Handeln Gottes entsprechen, umso eher kann das Reich Gottes in unserer Welt Gestalt annehmen, so dass Gott in den Herzen aller Menschen der Herr ihres Lebens wird.

Denn eine Gefahr ist uns ständig gegenwärtig: dass sich all unser Denken und Trachten nur um uns selber dreht und wir an den Mitmenschen vorbeileben.

Lied GL 483,1–2 (Halleluja – Ihr seid das Volk)

Schriftlesung aus dem ersten Brief an die Korinther
Zuerst kommt nicht das Überirdische, zuerst kommt das Irdische, dann das Überirdische. Der erste Mensch stammt von der Erde und ist Erde; der zweite Mensch stammt vom Himmel. Wie der von der Erde irdisch war, so sind es auch seine Nachfahren. Und wie der vom Himmel himmlisch ist, so sind es auch seine Nachfahren. Wie wir nach dem Bild des Irdischen gestaltet wurden, so werden wir auch nach dem Bild des Himmlischen gestaltet werden. *(1 Kor 15,47–49)*

Betrachtung
In Anlehnung an das Alte Testament *(vgl. Gen 1,16–17)* sagt die Kirche, dass der Mensch als Ebenbild Gottes geschaffen wurde. Das ist eine missverständliche Formulierung, denn sie suggeriert uns eine generelle Übereinstimmung des Menschen mit Gott von Anfang an, was freilich die höchstmögliche Form von Hybris wäre. Deshalb würden wir die hebräischen Worte besser wiedergeben, wenn wir sagten, der Mensch wurde zum Abbild Gottes geschaffen. Die Präposition „zum“ drückt die Zukunft des Menschen aus, auf die hin er geschaffen wurde. Er soll zum Abbild Gottes werden. Darin liegen seine Aufgabe und seine Verantwortung. Er soll sich bemühen, einer zu werden, der immer mehr in Übereinstimmung mit Gott denkt und handelt.

So hat auch der Apostel in der Schriftlesung zwischen dem irdischen und dem himmlischen Menschen unterschieden. Mit dem himmlischen Menschen meint er zunächst Jesus Christus, weil dieser gänzlich mit Gott übereinstimmt. Unsere Ausgabe ist es, dem himmlischen Menschen immer ähnlicher zu werden.

Denn uns als Höchstbegabten aller Lebewesen wurde vom Schöpfer die Verantwortung für sein gesamtes Werk, also für die Menschen, die Tiere, die Pflanzen und auch die unbelebte Natur übertragen. Wir sollen sie als Stellvertreter Gottes auf Erden für alle weiteren Generationen pflegen und bewahren. Diese Verantwortung können wir auf keinen anderen abschieben, uns allein ist sie übertragen worden.

Wechselgebet Meine Seele erheb ich zu dir,
zu dir, mein Herr und mein Gott.

Auf dich, Herr, hab ich vertraut,
du wirst mich nicht enttäuschen,
meine Feinde werden nicht jubeln.

Denn alle, die auf dich hoffen,
werden nicht enttäuscht.

Enttäuscht aber werden jene,
die dir die Treue brechen.

Zeige mir deine Wege,
lehre mich deine Pfade!

Lehre mich deine Wahrheit
und lass mich wandeln in ihr;

du bist der Gott, der mich rettet,
allzeit hoff ich auf dich.

Denk an dein Erbarmen, Herr,
an die Taten deiner Huld,
die seit Ewigkeit bestehen.

Denk nicht an meiner Jugend Sünden,
an die Irrwege, die ich einst ging!

Nach deiner Gnade denk an mich,
deiner Güte wegen, Herr!

Gut und gerecht ist der Herr,
Sündern weist er den Weg.

Die Demütigen leitet er recht,
er führt sie auf seinen Weg.

Die Wege des Herrn sind Liebe und Treue
für jene, die ihm die Treue halten.

Um deines Namens willen, Herr,
verzeih meine Schuld, denn sie ist groß.

Wie geht es dem Mann, der dich achtet, o Herr?
Du zeigst ihm den Weg, den er wählen soll.

Glück und Heil wird er erfahren,
seine Kinder besitzen das Land.

Vertraute des Herrn sind, die ihn ehren,
erkennen lässt er sie seinen Bund.

Meine Augen sind stets auf den Herrn gerichtet,
er befreit mich aus Not und aller Gefahr.

Bewahre mein Leben und rette mich;
ich werde sicher nicht enttäuscht,
denn ich berge mich bei dir.

Demut und Redlichkeit mögen mich schützen,
weil ich zu dir meine Zuflucht nehme.

(Ps 25,1–15.20–21)

Fürbitten

Unser Vater im Himmel, du liebst alle Menschen unabhängig von ihrer Hautfarbe und ihrer Religion. Und du willst alle Menschen bei dir vereinen und glücklich machen. Im Vertrauen darauf bitten wir dich:
Herr, sei bei uns in deinem Geist!

- Lege denen, die nichts von dir wissen wollen, ein Erahnen deiner Größe und Liebe ins Herz!
- Schenke denen, die einander feind sind, Gedanken des gegenseitigen Wohlwollens und des Friedens!
- Lass in allen Menschen die Bereitschaft wachsen, sich für Hilfsbedürftige und für die Erhaltung der Schöpfung zu engagieren!
- Wecke in uns Christen das Bemühen und das Beten um die Anerkennung deines Wollens in unserem konkreten Leben!

Ja, Herr, sei bei uns und leite uns in allem, wozu du uns gerufen hast, denn zu dir wollen wir stehen und dein Herrsein wollen wir vorantreiben. Dir sei die Ehre in Ewigkeit!
Amen.

Segen Der Herr sei mit euch!
Und mit deinem Geiste.
Es segne und behüte euch der barmherzige und gütige Gott: der Vater und der Sohn und der Heilige Geist.
Amen.

Lied GL 483,3–5 (Halleluja – Ihr seid das Volk)

ALLTAG

Kreuzzeichen und Gruß

Im Namen des Vaters und des Sohnes und des Heiligen Geistes.
Der Herr sei mit euch!
Und mit deinem Geiste.

Meine Schwestern und Brüder, das Thema unserer Andacht lautet heute „Alltag".

Lied GL 440 (Hilf, Herr meines Lebens)

Gebet Wir wollen beten.
Großer, ewiger Gott!
Du hast uns Menschen ins Leben gerufen. Du hast es aus Liebe getan, doch wir wissen es nicht immer zu schätzen. Wir sind unzufrieden mit anderen und mit uns selbst. Wir nörgeln an uns und an anderen herum. Wir machen uns das Leben gegenseitig zur Last. Zeig uns als Vater den Weg zu Zufriedenheit und Glück heute und in Ewigkeit.
Amen.

Betrachtung

Viele Menschen empfinden ihr Leben als eintönig und langweilig. Der Alltag beschert uns immer das Gleiche. Wir erledigen es, weil es sein muss, nicht aber, weil es uns Freude macht. Da ist die Hausarbeit: einkaufen, Essen herrichten, putzen, waschen, bügeln, vielleicht noch den Rasen mähen und gießen. Tagein, tagaus ein Einerlei, stinklangweilig.

Auch im Beruf immer der alte Trott, immer die gleichen Handgriffe oder dieselben Themen. Wenig Abwechslung, selten eine wirkliche Herausforderung. Auch die Launen des Chefs oder der Chefin müssen ertragen werden, ob man will oder nicht. Und die „Kundschaft" kann einem auch auf die Nerven gehen. Soll das ewig so weitergehen? Wie lange kann oder muss ich das noch durchhalten?

Und im Ruhestand? Keine Aufgabe, keine Herausforderung, man wird nicht mehr gebraucht, ist überflüssig. Den ganzen Tag faulenzen, im Lehnstuhl den Fernseher anglotzen, bis man davor einschläft. Stinklangweilig.

Ein neues Leben anfangen? Wenn das so einfach wäre. Und ob ich dann glücklicher wäre? Es gibt ja keine Garantie dafür. Also bleibt alles beim Alten. Ich muss dieses Leben aushalten, es gibt kein anderes. Ist das wirklich Leben? Mir ist es nur langweilig.

Lied GL 458 (Selig seid ihr)

Betrachtung

Manche empfinden das Leben nur als Last. Von morgens bis abends Arbeit. Aber ich bin ja nicht allein. Da ist der Ehemann oder die Ehefrau mit seinen bzw. ihren Wünschen, Eigenheiten und Ansprüchen. Das kann einem manchmal richtig auf die Nerven gehen. Man kann es ihm oder ihr einfach nicht recht machen. Und die Kinder! Eine richtige Herausforderung! Diese Wünsche und jene Wünsche, jedem soll man's recht machen, immer für alle da sein, von morgens bis abends. Und wie viel Arbeit machen sie mir mit der Wäsche! Und aufräumen können sie auch nichts, überall muss ich nacharbeiten. Eine Hilfe im Alltag sind sie auch nicht, sie haben allein ihre eigenen Interessen im Kopf. Ich bin nur zum Sorgen und Versorgen da.

Nicht anders ist es im Beruf. Schuften von früh bis spät, immer pünktlich sein, notfalls auch Überstunden machen, der Chef oder die Chefin hat immer recht, alles soll nach ihrem Kopf gehen. Ich bin nur ein kleines Rädchen am Wagen, bin nur zum Funktionieren da.

Ich soll immer nachgeben und für die anderen da sein – in der Familie wie im Beruf. Der Alltag ist eine einzige Last, selbst der Sonntag wird oft zum Alltag. Das ganze Leben ist Alltag, mir ist es nur Last.

Lied GL 446 (Lass uns in deinem Namen, Herr) *oder*
GL 464,1–2.4.8 (Gott liebt diese Welt)

Schriftlesung aus dem Evangelium nach Johannes

Wie mich der Vater geliebt hat, so habe auch ich euch geliebt. Bleibt in meiner Liebe!

Das ist mein Gebot: Liebt einander, wie ich euch geliebt habe. Es gibt keine größere Liebe, als wenn einer sein Leben für seine Freunde hingibt. *(Joh 15,9.12–13)*

Betrachtung

Die Weisung Jesu „Liebt einander, wie ich euch geliebt habe“ ist das Rezept für die Bewältigung des Alltags. Denn was wir mit Liebe tun, ist weder Last noch langweilig. Das Sorgen und Mühen für die Familie und das Ertragen so mancher menschlicher Eigenheiten ist keine Last, wenn es mit Liebe geschieht. Die Probleme mit den Menschen am Arbeitsplatz und ihren jeweiligen Ansprüchen sind keine Last, wenn wir sie mit Liebe bewältigen. Was wir mit Liebe tun, macht uns frei. Alles, was wir liebend tun, ist nicht belastend, sondern belebend.

Wer keine Liebe hat, kann auch keine geben. Er will immer nur bekommen und wird nie zufrieden. Wir müssen uns von uns selbst lösen und befreien, um lieben zu können.

Wechselgebet Ich hoffte fest auf den Herrn,
er neigte sich mir zu
und hörte auf mein Rufen.

Er hob mich aus Verderben,
aus Unrat und aus Schlamm.

Er gab mir sicheren Halt
und Mut für meinen Weg.

Ein neues Lied hieß er mich singen,
ein Lob auf ihn, unseren Gott.

Viele werden es sehen,
sich in Ehrfurcht neigen
und auf den Herrn vertrauen.

Selig der Mann, der dem Herrn vertraut,
es nicht mit Überheblichen hält,
nicht im Kreis der Lügner verweilt.

Zahlreich sind, o Herr, deine Wunder,
zahlreich deine Pläne mit uns,
deinen Gedanken ist nichts vergleichbar.

Drum sag ich: „Ja, ich komme.“
Ich lese in der Schrift,
zu tun, was dir gefällt.

Gern will ich deine Weisung
in meinem Herzen tragen.

Dein Heil verkünd ich in großer Gemeinde,
ich schweige nicht, o Herr, du weißt es.

Nicht verschloss ich im Herzen
deine Gerechtigkeit;

ich rede von deiner Treue
und von deiner Hilfe,

verhehle nicht deine Liebe
und schweig nicht von deiner Wahrheit.

Du wirst mir, o Herr, dein Erbarmen
niemals vorenthalten,

immer werden mich bewahren
deine Liebe, deine Treue.

Denn zahllose Übel schlossen mich ein,
mich ereilten meine Sünden;

unüberschaubar sind sie,
zahlreicher als mein Haupthaar,
verlassen hat mich mein Mut.

In deiner Gnade rette mich, Herr,
komm, o Herr, eil mir zu Hilfe!

Jubeln aber sollen
und in dir sich freuen
alle, die dich suchen.

Die deine Hilfe ersehnen,
sollen immer sagen:

„Groß ist Gott, der Herr!"
Wohl bin ich elend und arm,
der Herr aber wird für mich sorgen.

Du bist meine Hilfe, mein Retter,
mein Gott, nun zögere nicht!

(Ps 40,2–6.8–14.17–18)

Fürbitten

Barmherziger, liebender Gott!
Mit den abschließenden Fürbitten wollen wir dir noch unsere Anliegen ans Herz legen:
Herr, unser Gott, erbarme dich!

- Wir beten für alle Menschen, die ihres langweiligen Alltags überdrüssig sind, um die Kraft, ihr Leben und ihre Mitmenschen liebend anzunehmen.
- Für alle Menschen, die unter den Belastungen des Alltags leiden, um die Fähigkeit, sich den anderen liebend zuzuwenden.
- Für alle, die so auf sich fixiert sind, dass sie sich für andere nicht öffnen können, um ein Offenwerden und eine liebende Hinwendung zu den anderen.
- Für uns selbst um Ausdauer auf dem Weg der Liebe zu dir und allen Menschen.

Denn du, unser Gott und Herr, bist die Liebe selbst und willst uns alle für dich, für die Liebe gewinnen.
Dir sei Ruhm und Ehre in Ewigkeit.
Amen.

Segen

Der Herr sei mit euch!
Und mit deinem Geiste.
Es segne und behüte euch der barmherzige und gütige Gott: der Vater und der Sohn und der Heilige Geist.
Amen.

Lied

GL 258,1.3 (Lobpreiset all zu dieser Zeit)

GOTTES MACHT UND OHNMACHT

Kreuzzeichen und Gruß

Im Namen des Vaters und des Sohnes und des Heiligen Geistes.
Der Herr sei mit euch!
Und mit deinem Geiste.

Meine Schwestern und Brüder, das Thema unserer Andacht lautet heute „Gottes Macht und Ohnmacht".

Lied GL 381,1–3 (Dein Lob, Herr, ruft der Himmel aus)

Gebet Wir wollen beten.
Erhabener, großer Gott!
Wir sind zusammengekommen, um über dich und unsere Beziehung zu dir nachzudenken. Gib uns dazu deinen Geist, damit unsere Gedanken nicht irregehen, sondern uns dir näher bringen. Darum bitten wir durch Christus, unseren Herrn.
Amen.

Schriftlesung aus dem Buch Genesis
Die Schlange war schlauer als alle Tiere des Feldes, die Gott, der Herr, gemacht hatte. Sie sagte zu der Frau: Hat Gott wirklich gesagt: Ihr dürft von keinem Baum des Gartens essen? Die Frau entgegnete der Schlange: Von den Früchten der Bäume im Garten dürfen wir essen; nur von den Früchten des Baumes, der in der Mitte des Gartens steht, hat Gott gesagt: Davon dürft ihr nicht essen und daran dürft ihr nicht rühren, sonst werdet ihr sterben. *(Gen 3,1–3)*

Betrachtung

Manchmal fragen wir: Wo war Gott, als dies und jenes geschah? So viel Grausamkeiten auf der Erde und kein Gott, der eingreift! Warum? Ist er vielleicht ohnmächtig?

Gott, der ewig Seiende, schränkt bei der Schöpfung tatsächlich seine Macht ein, indem er dem Menschen Denkfähigkeit und Freiheit schenkt. Nun kann sich der Mensch gegen Gottes Ordnung und Gottes Willen entscheiden. Er tut es, sagt die Bibel, von Anfang an, schon in der Schöpfungserzählung vom Essen der verbotenen Frucht. Er will sich selbst an Gottes Stelle setzen, seine eigenen Entscheidungen treffen und seine eigenen Wege gehen.

Warum gibt Gott dem Menschen diese Möglichkeit? Der Grund ist Gottes Liebe zum Menschen. Er will den Menschen nicht als Sklaven halten, der nur zu parieren hat, sondern als Partner in gegenseitiger Liebe gewinnen. Der Mensch jedoch muss dieses Angebot der Freundschaft nicht annehmen, er kann seine von Gott geschenkte Macht auch gegen Gott einsetzen. Und er tut es immer wieder. So ist der Mensch.

Lied GL 266,1–3 (Bekehre uns, vergib die Sünde)

Gebet Wir wollen beten.
Heiliger, barmherziger Vater!
Du kennst uns Menschen. Du weißt, wie sehr wir um uns selber kreisen und dabei dich aus dem Blick verlieren. Und doch bist du es, auf den wir schauen und an dem wir uns orientieren sollen. Wecke und mehre unsere Bereitschaft, mit dir zu leben und von dir zu lernen, denn dir gebührt unser Dank, auf dir ruht unsere Hoffnung heute und in Ewigkeit.
Amen.

Schriftlesung aus dem Evangelium nach Matthäus
Ihr habt gehört, dass gesagt worden ist: Du sollst deinen Nächsten lieben und deinen Feind hassen! Ich jedoch sage euch: Liebt eure Feinde und betet für die, die euch verfolgen! So werdet ihr Kinder eures Vaters im Himmel. –
Einer der Begleiter Jesu zog sein Schwert und schlug dem Diener des Hohenpriesters ein Ohr ab. Da sagte Jesus zu ihm: Steck dein Schwert wieder zurück! Denn alle, die zum Schwert greifen, werden durch das Schwert umkommen. Oder meinst du nicht, mein Vater würde mir sofort mehr als zwölf Legionen Engel zu Hilfe schicken, wenn ich ihn darum bitten würde?
(Mt 5,43–45a; 26,51–53)

Betrachtung

Gott macht dem Menschen in Jesus Christus ein neues Angebot. Gott ist Liebe und will durch das Handeln und Lehren Jesu dem Menschen Schönheit und Wert der Liebe zeigen. Die Liebe leitet dazu an, den Menschen zu dienen, wie Jesus selbst es unaufhörlich getan hat. Er heilt Kranke, schenkt Sündern Gottes Vergebung, wirbt in seiner Botschaft für die Liebe. Denn die Liebe würde die Möglichkeit des Menschen, über andere Macht auszuüben, einschränken. Der Mensch aber will oftmals nicht dienen – weder Gott noch den Menschen –, sondern seine eigenen Interessen durchsetzen.

Also lehnt die religiöse Obrigkeit Jesus ab; denn wie sollte sie ihre Machtansprüche über die Menschen durchsetzen, wenn allein die Liebe zählt?

Bei seiner Gefangennahme greift einer der Begleiter Jesu zum Schwert und schlägt dem Diener des Hohenpriesters ein Ohr ab. Da greift Jesus ein und verweist auf seine Macht, den Angriff abzuwehren, mit den Worten: „Glaubst du nicht, mein Vater würde mir sofort mehr als zwölf Legionen Engel zu Hilfe schicken, wenn ich ihn darum bitten würde?" *(Mt 26,53)* Er verzichtet auf eine Möglichkeit, Macht auszuüben, denn allein die Liebe zählt. Er bleibt seinen eigenen Worten treu: „Liebt eure Feinde und betet für die, die euch verfolgen." *(Mt 5,44)* Im Sterben am Kreuz noch betet er: „Vater, vergib ihnen, denn sie wissen nicht, was sie tun." *(Lk 23,34a)*

Auch dieser Versuch Gottes, die Menschen für sich und die Liebe zu gewinnen, ist gescheitert. Macht innehaben und Macht ausüben ist ihnen wichtiger.

Und in Zukunft? In dieser Zukunft leben wir. Uns hat Jesus anvertraut, sein Wirken fortzuführen und für Gottes Wollen zu gewinnen. Werden wir dem gerecht werden? Wenigstens im Kleinen, in unserem eigenen Lebenskreis?

Wechselgebet Schenke, o Herr, schenk mir Gehör,
erhöre mich, denn ich bin elend und arm.

Ich bin dir ergeben, behüte mich!
Hilf deinem Knecht, du mein Gott,
denn er vertraut auf dich!

Sei mir gnädig, o Herr,
allzeit ruf ich zu dir.

Erfreue, Herr, deinen Knecht,
meine Seele erheb ich zu dir.

Herr, du bist gut, bereit zu verzeihen,
voll Liebe zu allen, die zu dir rufen.

Höre, Herr, auf mein Beten,
achte auf mein Flehen!

In meiner Not ruf ich dich an,
vertraue darauf: Du wirst mich erhören.

Unter den Göttern ist keiner wie du,
deinen Werken, o Herr, kommt nichts gleich.

Alle Völker, die du geschaffen hast,
werden kommen, werden dir huldigen
und dir, o Herr, die Ehre erweisen.

Denn groß bist du
und Wunder vollbringst du,
du allein bist Gott.

Lehre mich, Herr, deinen Weg,
in Treue zu dir will ich leben.

Richte mein Herz darauf aus,
dir allein zu dienen.

Mit ganzem Herzen preise ich dich,
dich, meinen Gott, will ich immer ehren,

denn groß ist deine Liebe zu mir,
vor Höllenqual errettest du mich.

Freche Menschen, o Gott,
erhoben sich gegen mich,

gewaltsam trachten sie mir nach dem Leben,
dich aber haben sie nicht vor Augen.

Doch du, mein Gott, bist barmherzig und gnädig,
langmütig, reich an Güte und Treue.

So blicke auf mich und sei mir gnädig!
Gib deinem Knecht deine Kraft,
hilf dem Sohn deiner Magd!

Wirke an mir ein Zeichen des Guten,
dass meine Hasser es sehn und sich schämen;
denn du, o Herr, bist mein Helfer und Tröster.
(Ps 86)

Lied GL 273,1–4 (O Herr, nimm unsre Schuld)

Bitten Großer Gott, unser gütiger Vater!
Für uns und alle Menschen rufen wir zu dir:
Erbarme dich und steh uns bei!

A Erbarme dich und steh uns bei!

- Wir sind immer in Versuchung, zu vergessen, dass wir uns dir verdanken. Darum rufen wir:

A Erbarme dich und steh uns bei!

- Oft nehmen wir uns selber wichtiger als dich. Darum rufen wir:

A Erbarme dich und steh uns bei!

- Unsere eigenen Wünsche und Begierden sind uns wichtiger als deine Weisungen. Darum rufen wir:

A Erbarme dich und steh uns bei!

- Andere zu beherrschen ist uns wichtiger, als ihnen zu dienen. Darum rufen wir:

A Erbarme dich und steh uns bei!

Unser Herr und Gott!
Wenn wir nun gehen werden, dann geh du mit uns und bleib allezeit bei uns, denn in dir sind wir geborgen und mit dir wird unser Leben gelingen. Dir sei Ruhm und Ehre in Ewigkeit. Amen.

Segen Der Herr sei mit euch!
Und mit deinem Geiste.
Es segne und behüte euch der barmherzige und gütige Gott: der Vater und der Sohn und der Heilige Geist. Amen.

Lied GL 266,4–6 (Bekehre uns, vergib die Sünde)

ZIVILCOURAGE

Kreuzzeichen und Gruß

Im Namen des Vaters und des Sohnes und des Heiligen Geistes.
Der Herr sei mit euch!
Und mit deinem Geiste.

Meine Schwestern und Brüder, das Thema unserer Andacht lautet heute „Zivilcourage“.

Lied GL 140,1–3 (Kommt herbei, singt dem Herrn)

Gebet Wir wollen beten.
Ewig seiender Gott, unser guter Vater!
Immer wieder müssen wir neu über unser Leben nachdenken, denn immer wieder werden wir mit neuen Gedanken konfrontiert, Entscheidungen werden von uns gefordert. Deshalb sind wir jetzt zu dir gekommen. Dein Wort wollen wir hören, von dir wollen wir lernen. Gib uns von deinem Geist, damit wir rechte Erkenntnis gewinnen und richtige Antwort finden. Darum bitten wir durch Christus, unseren Herrn. Amen.

Betrachtung

In den Medien begegnen wir immer wieder dem Wort „Zivilcourage“. Vor allem, wenn es um das Verhalten im öffentlichen Raum geht, ist von Zivilcourage die Rede. Damit ist der Mut gemeint, ohne Rücksicht auf eigene Gefährdung oder Nachteile in der Öffentlichkeit oder gegenüber Vorgesetzten die eigene Überzeugung zu vertreten. Schon Aristoteles und später die christliche Philosophie haben diese Haltung gelobt und als Tapferkeit bezeichnet.

Wer tapfer ist, tritt für ein wertvolles Gut ein, das er bedroht sieht. Wenn zum Beispiel ein Machthabender Unrecht tut, andere ausnützt, benachteiligt, ungerecht behandelt, ist Tapferkeit gefordert, um diesem Machthabenden zu widerstehen.

Manchmal wird Zivilcourage auch anders, falsch, verstanden. Während der Tapfere für übergeordnete Werte eintritt, halten sich manche für zivilcouragiert, wenn sie sich lediglich für ihren eigenen Nutzen einsetzen. Manche Leute demonstrieren gegen Stromleitungen oder Windräder, weil sie dadurch Gesundheit oder die Natur bedroht sehen. Wenn aber die Stromleitungen am Nachbardorf vorbeiführen oder die Windräder an einem anderen Ort aufgestellt werden, ist es ihnen recht, denn Strom wollen sie haben. Da drängt sich der Verdacht auf, dass es nur um den eigenen Nutzen geht. Das Protestieren allein muss also noch nicht Zivilcourage sein, die sich für übergeordnete Werte einsetzt.

Lied GL 346,1–3 (Atme in uns, Heiliger Geist)

Schriftlesung aus dem Evangelium nach Johannes
Am Abend des ersten Tages der Woche hatten die Jünger aus Furcht vor den Juden die Türen verschlossen. Da kam Jesus, trat in ihre Mitte und sagte zu ihnen: Friede mit euch! Nach diesen Worten zeigte er ihnen seine Hände und seine Seite. Da freuten sich die Jünger, dass sie den Herrn sahen. Noch einmal sagte Jesus zu ihnen: Friede mit euch! Wie mich der Vater gesandt hat, so sende ich euch. *(Joh 20,19–21)*

Betrachtung

Den Jüngern geht es, wie es auch uns oft geht: Sie fürchten sich. Bei verschlossenen Türen sind sie zusammen, weil sie sich vor den Juden fürchten. Sie sind als Jünger dessen bekannt, der vor kurzem erst gekreuzigt wurde. Was werden die Juden jetzt mit ihnen machen? Das ist ihre große Sorge. Wir fürchten uns auch vor den Menschen, wenn wir den Mund aufmachen sollten, um auf Unrecht hinzuweisen, das anderen geschieht. Wir könnten uns ja Ärger zuziehen. Dann sind wir in Gefahr, Augen und Ohren zu schließen und so zu tun, als wäre alles in Ordnung.

Nur weil einer den Mund aufmacht und gegen etwas protestiert, hat er noch keine Zivilcourage. Aber wer für übergeordnete Werte eintritt, besitzt die Tugend der Tapferkeit. Wenn in einem Staat Menschenrechte nicht beachtet werden, wenn ein Unternehmer seine Angestellten tyrannisiert, wenn aus Geldgier Mietwucher betrieben wird, dann geschieht Menschen Unrecht. Dagegen aufstehen und sich einsetzen ist Zivilcourage. Die Menschheitsgeschichte ist voll von Verbrechen gegen Menschlichkeit und Menschenrechte. Gegen solche Vorgänge aufzustehen und sich zu engagieren, ist Aufgabe jedes Christen, weil es Verstöße gegen die Nächstenliebe sind. Zur Nächstenliebe aber ist jeder Christ von Gott selbst verpflichtet. Jesus hat gesagt: „Wie mich der Vater gesandt hat, so sende ich euch." Jesus war vom Vater gesandt, um für die Liebe einzutreten, um der Liebe unter den Menschen zum Durchbruch zu verhelfen. Und genau dazu hat er auch uns gesandt.

Gebet Wir wollen beten.
Gütiger Gott!
Wir müssen uns täglich neu bewusst machen, dass wir nicht nur zum Spaßhaben leben, sondern dass du uns in die Welt sendest, damit wir die Menschen um uns nicht übersehen und an ihnen vorübergehen; dass wir uns um die Schwachen sorgen und uns für sie einsetzen. Wecke in uns den Mut, auch dann für deinen Auftrag einzutreten, wenn es uns schwerfällt und wir uns überwinden müssen. Darum bitten wir durch Christus, unseren Herrn.
Amen.

Lied GL 458 (Selig seid ihr)

Schriftlesung aus der Apostelgeschichte
Während des Pfingstfestes waren sie alle an demselben Ort zusammen. Da ertönte plötzlich vom Himmel her ein Brausen wie von einem heftigen Sturm und erfüllte das ganze Haus, in dem sie saßen. Und es erschienen ihnen Zungen wie von Feuer, die sich verteilten, und auf jeden von ihnen ließ sich eine nieder. Und sie wurden alle mit Heiligem Geist erfüllt und begannen in anderen Sprachen zu reden, wie es der Geist ihnen eingab.
Da trat Petrus zusammen mit den Elf hinaus, erhob seine Stimme und begann begeistert zu ihnen zu reden: Ihr Juden und alle Bewohner Jerusalems, dies sollt ihr erfahren, achtet auf meine Worte! Diese sind nicht, wie ihr vermutet, betrunken; es ist ja erst die dritte Stunde am Tag, sondern jetzt geschieht, was der Prophet Joël gesagt hat. *(Apg 2,1–6.14–16)*

Betrachtung

Die verängstigten Apostel sind immer noch hinter verschlossenen Türen versammelt. Zu groß ist die Furcht vor dem Hohen Rat und seinen Helfershelfern. Da werden sie von einer Macht erfasst, die ihr Vorstellungsvermögen übersteigt. Heiliger Geist, göttlicher Geist hat sich ihrer bemächtigt. Furcht und Ängste sind wie weggeblasen. Petrus tritt zusammen mit den anderen hinaus und hält seine erste Predigt vor den Bewohnern und den Wallfahrtsgästen in Jerusalem. Unter Berufung auf den Propheten Joël verkündet er, dass Gott den, den sie ans Kreuz geschlagen und umgebracht haben, vom Tod befreit hat.

Wer von Gott be-geistert, also von Gottes Geist erfüllt ist, ist mit solcher Tapferkeit ausgestattet, dass er ohne Rücksicht auf mögliche Gefahren für das eigene Leben den Glauben, die Botschaft Gottes verkünden kann. Wozu damals die Apostel imstande waren, dazu werden auch wir von Gott befähigt, wenn wir dazu bereit sind. Jesus hat ja die Liebe zu Gott und die Liebe zu den Menschen von uns gefordert. Nicht nur für die Menschen, denen Unrecht geschieht, die missachtet werden, die unterdrückt oder verleumdet werden, sollen wir uns beherzt einsetzen, ebenso soll die Liebe zu Gott, unserem Vater, uns antreiben, unter den Menschen für ihn und seine Ehre einzutreten. Da soll es kein Kuschen, keine Drückebergerei, keine Menschenfurcht geben. Überall und immer, wo Gott missachtet, gelästert oder verdrängt wird, ist es Aufgabe eines Christen, für ihn einzutreten.

Wechselgebet Selig zu nennen ist der Mann,
der nicht dem Rat der Bösen folgt,

nicht auf dem Weg der Sünder geht
und nicht im Kreis der Spötter sitzt,

sondern Freude hat an der Weisung des Herrn
und über sie nachdenkt bei Tag und bei Nacht.

Er ist wie ein Baum, am Wasser gepflanzt,
der Frucht bringt zur rechten Zeit
und dessen Blätter nicht welken.

Was immer er anfängt,
gelingt ihm auch gut.

Nicht so die Gottlosen, nein, nicht so,
sie sind wie Spreu, die der Wind verweht.

Im Gericht werden Gottlose nicht bestehn,
nicht Sünder in gerechter Gemeinde.

Den Weg der Gerechten begleitet der Herr,
vom Weg der Gottlosen hält er sich fern. *(Ps 1)*

Lied GL 461,1–4 (Mir nach, spricht Christus)

Fürbitten Herrlicher, barmherziger Gott!
Du weißt besser als wir, wie schwer sich die Menschen das Leben gegenseitig machen und wie schwer sie es einander machen, offen zu dir zu stehen. Wir sind gerufen, für eine bessere Welt zu wirken, und bitten: Führe alle Menschen auf bessere Wege!

- Viele leiden unter der Geldgier ihrer Arbeitgeber. Wir bitten dich: Führe alle Menschen auf bessere Wege!
- Viele leiden unter mangelnder Hilfsbereitschaft anderer. Wir bitten dich: Führe alle Menschen auf bessere Wege!
- Viele leiden an der Verächtlichmachung ihres Glaubens. Wir bitten dich: Führe alle Menschen auf bessere Wege!
- Viele leiden an mangelnder Zivilcourage. Wir bitten dich: Führe alle Menschen auf bessere Wege!

Dank und Ruhm und Ehre sei dem ewigen Gott und Vater!
Amen.

Segen Der Herr sei mit euch!
Und mit deinem Geiste.
Es segne und behüte euch der barmherzige und gütige Gott: der Vater und der Sohn und der Heilige Geist.
Amen.

Lied GL 409,1–4 (Singt dem Herrn ein neues Lied)

KLUGHEIT

Kreuzzeichen und Gruß

Im Namen des Vaters und des Sohnes und des Heiligen Geistes.
Der Herr sei mit euch!
Und mit deinem Geiste.

Meine Schwestern und Brüder, das Thema unserer Andacht lautet heute „Klugheit“.

Lied GL 385,1–2 (Nun saget Dank und lobt den Herren)

Gebet Wir wollen beten.
Gott, unser guter Vater!
Wir sind jetzt zu dir gekommen, weil wir über dich und über unser Leben nachdenken wollen. Dein Wort des Evangeliums soll uns dabei helfen. Gib uns dazu deinen Geist, damit wir recht verstehen und die nötigen Schlüsse daraus ziehen. Darum bitten wir durch Christus, unseren Herrn.
Amen.

Betrachtung

Wann ist jemand „klug“, „gescheit“ oder „schlau“? Sind das nur Variationen ein und desselben Begriffs? Wenn es jemand durch Betrug oder List zu etwas gebracht oder andere zu seinem Vorteil übers Ohr gehauen hat, wird man ihn kaum als „klug“ bezeichnen, allenfalls als „schlau“, als „bauernschlau“. Wer in einer Quizsendung im Fernsehen alles weiß oder die Lösung durch geschicktes Kombinieren findet, kann zu Recht als „gescheit“ gelten. Aber wann sprechen wir davon, dass jemand „klug“ ist? Jesus verwendet dieses Wort öfter. Doch was ist Klugheit? Hören wir dazu eine Schriftlesung aus dem Neuen Testament.

Schriftlesung aus dem Evangelium nach Matthäus
Jeder, der diese meine Worte hört und danach handelt, gleicht einem klugen Mann, der sein Haus auf Fels gebaut hat. Zwar kam ein Wolkenbruch und die

Wassermassen fluteten heran, der Sturm tobte und rüttelte an dem Haus, doch es stürzte nicht ein, denn es war auf Fels gebaut. Doch jeder, der diese meine Worte hört und nicht danach handelt, gleicht einem Dummkopf, der sein Haus auf Sand gebaut hat. Als nun ein Wolkenbruch kam und die Wassermassen heranfluteten, als der Sturm tobte und an dem Haus rüttelte, da stürzte es ein und wurde völlig zerstört.

(Mt 7,24–27)

Betrachtung

Klug ist der Mensch, der sein Haus, das heißt sein Leben auf Fels gebaut hat; ein Dummkopf ist, wer es auf Sand gebaut hat. Das leuchtet ein. Aber worum geht es Jesus dabei? Wir müssen, ehe wir handeln, die Wirklichkeit beachten und die Zukunft bedenken. Die Kirche bezeichnet die Klugheit seit alters als Kardinaltugend. Klug sein heißt, die Wirklichkeit so, wie sie ist, wahrnehmen; die Dinge richtig einschätzen und dementsprechend handeln. Wer klug ist, erkennt also, was gut oder böse ist, was recht und was unrecht ist, und trifft deshalb die richtigen Entscheidungen für sein Handeln. Der Kluge entscheidet nicht aus einer momentanen Stimmung, einem Affekt, einer Begierde heraus, sondern bedenkt immer auch die Folgen seines Handelns und erkennt deshalb, ob es recht oder unrecht, gut oder böse ist. Ein kluger Mensch handelt also besonnen, nach Abwägung aller Eventualitäten. Er handelt im Sinne Gottes.

Und der Kluge bedenkt nicht nur die eigene Wirklichkeit, sondern auch die Wirklichkeit der anderen. Er sieht deshalb ihre Sorgen, ihre Probleme, ihre Not, ihre Bedürftigkeit. Und wenn er Christ ist, wird er sich um den anderen kümmern und sich bemühen, ihm zu helfen.

Gebet

Wir wollen beten.
Ewiger und heiliger Gott!
Uns ist bewusst geworden, dass wir oft viel zu kurz denken. Wir sind gefangen in unseren eigenen Problemen und Sorgen, sehen nur uns selber und jene, die uns besonders lieb sind. Darum bitten wir dich: Öffne unser Sinnen, Denken und Handeln auch für jene Menschen, die auf Unterstützung und Hilfe anderer angewiesen sind und an denen wir achtlos vorübergehen. Denn nur so werden wir dir und deiner Liebe

zu allen Menschen gerecht. Sei gelobt und gepriesen heute und in Ewigkeit!
Amen.

Lied GL 464,1–2.7 (Gott liebt diese Welt)

Schriftlesung aus dem Evangelium nach Lukas
Jesus sagte zu den Leuten: Gebt Acht und hütet euch vor aller Habgier, denn auch wenn einer im Überfluss lebt, gründet sein Leben nicht auf seinen Gütern.
Er sprach in einer Parabel zu ihnen: Die Felder eines reichen Mannes hatten gut getragen. Da überlegte er bei sich: Was soll ich tun? Denn ich weiß nicht, wo ich meine Ernte unterbringen soll. Schließlich sagte er: So will ich es machen: Ich will meine Scheunen abbrechen und größere bauen; dort will ich all mein Getreide und meine Güter unterbringen. Dann will ich zu meiner Seele sagen: Seele, du hast einen großen Vorrat für viele Jahre. Ruh dich aus, iss, trink und sei fröhlich! Gott aber sagte zu ihm: Du Dummkopf, in dieser Nacht wird man dein Leben von dir fordern. Wem wird dann gehören, was du angehäuft hast? So geht es dem, der für sich selbst Schätze sammelt, aber vor Gott nicht reich ist. *(Lk 12,15–21)*

Betrachtung

Hier spricht Jesus noch von einer ganz anderen Klugheit. Er meint, wir müssten unsere gesamte Wirklichkeit im Auge behalten. Und diese gesamte Wirklichkeit schließt auch die Zukunft nach dem Sterben mit ein. Wer nur sein materielles Wohlergehen im Blick hat, ist ein Dummkopf. All sein Mühen und Streben, sein Sammeln und Horten gilt nur dem irdischen Leben. Der kluge Mensch dagegen sieht weiter. Er überlegt, wie er leben und handeln muss, damit er auch glücklich sein kann, wenn er gestorben ist und dem ewigen Gott von Angesicht zu Angesicht gegenübersteht. Dann nämlich geht es nicht nur um Wohlstand für siebzig oder hundert Jahre, sondern um die endlose ewige Seligkeit. Das meint Jesus, wenn er sagt, wir sollten Schätze ansammeln, die uns vor Gott reich machen. Er hat es uns in jenem Gebot vermittelt, indem er alle anderen Gebote zusammenfasst: „Das erste ist: Höre, Israel, der Herr, unser Gott, ist der einzige

Herr. Du sollst den Herrn, deinen Gott, lieben mit deinem ganzen Herzen und deiner ganzen Seele, mit deinem ganzen Denken und deiner ganzen Kraft. Das zweite ist dieses: Du sollst deinen Nächsten lieben wie dich selbst.“ *(Mk 12,30–31)*

Wechselgebet Der Herr ist mir Licht und Heil,
vor wem sollt ich mich fürchten?

Der Herr ist der Hort meines Lebens,
vor dem sollte mir bangen?

Machen sich Frevler über mich her,
meine Bedränger, um mich zu vernichten,
sie, meine Feinde, straucheln und fallen.

Rückt ihre Schar gegen mich an,
niemals verliert mein Herz dann den Mut.

Und mag sich ein Kampf gegen mich erheben,
so bleibe ich doch voller Zuversicht.

Nur eines erbitte ich vom Herrn:
Im Hause des Herren wohnen zu dürfen
alle Tage meines Lebens,

des Herren Freundlichkeit schauen zu dürfen,
in seinem Tempel zu meditieren.

Er birgt mich bei sich am Tage des Unheils,
beschützt mich und hebt mich empor auf den
Felsen.

So kann ich den Feinden, die mich umzingeln,
erhobenen Hauptes entgegentreten.

Opfer des Jubels bring ich ihm dar,
singen und spielen will ich dem Herrn.

Höre, o Herr, den Ruf meiner Stimme,
sei gnädig zu mir und erhöre mich!

Mein Herz sagt: „Suche den Herrn!“
Ja, suchen will ich dich, Herr.

Halte dein Antlitz vor mir nicht verborgen,
weise im Zorn deinen Knecht nicht zurück!

Du bist meine Hilfe, gib mich nicht auf,
verlasse mich nicht, du Gott meines Heils!

Wenn Vater und Mutter mich gar verließen,
wahrlich, beim Herrn bin ich immer geborgen.

Lehre und leite mich, Herr, deine Wege,
führe mich sicher trotz meiner Feinde!

Gib mich nicht preis der Gier meiner Gegner,
denn falsche Zungen erheben sich wütend.

Doch ich vertraue, einmal zu schauen
die Güte des Herrn im Lande der Lebenden.

Sei stark und hoffe stets auf den Herrn,
mit mutigem Herzen harre des Herrn! *(Ps 27)*

Fürbitten

Barmherziger, allmächtiger Gott!
Noch einmal forderst du uns auf, unseren Blick zu erweitern. Wir sollen weitsichtig werden und über den Tod hinausschauen. Darum bitten wir dich:
Schenke uns und allen Hilfe und Rettung!

- Schenke unseren lieben Verstorbenen das Glück des ewigen Lebens bei dir!
- Erinnere uns immer wieder daran, dass wir allezeit Schätze sammeln, die bei dir zählen!
- Vergib uns alle Schuld, die unser Einssein mit dir belastet und verhindert!
- Lass durch deine Gnade alle Menschen deine Seligkeit schauen und auf ewig bei dir leben!

Vater, wir wollen auf deine bedingungslose Liebe vertrauen und deine Güte preisen heute und in Ewigkeit.
Amen.

Segen

Der Herr sei mit euch!
Und mit deinem Geiste.
Es segne und behüte euch der barmherzige und gütige Gott: der Vater und der Sohn und der Heilige Geist.
Amen.

Lied

GL 380,9–11 (Großer Gott, wir loben dich)

HERRSCHEN

Kreuzzeichen und Gruß

Im Namen des Vaters und des Sohnes und des Heiligen Geistes.
Der Herr sei mit euch!
Und mit deinem Geiste.

Meine Schwestern und Brüder, das Thema unserer Andacht lautet heute „Herrschen".

Lied GL 477,1–3 (Gott ruft sein Volk zusammen)

Gebet Wir wollen beten.
Heiliger, großer Gott!
Dich nennen wir unseren Herrn, und du bist es. Aber auch wir Menschen möchten gerne Herren sein. Wir möchten etwas gelten, etwas zu sagen haben. Schenke uns deinen Geist der Weisheit, damit wir uns und unsere Bedeutung in der Welt recht einordnen können. Darum bitten wir durch Christus, unseren Herrn.
Amen.

Schriftlesung aus dem Evangelium nach Markus
Jakobus und Johannes waren mit der Bitte zu Jesus getreten: „Schenke uns, dass wir uns in deiner Herrlichkeit einer zu deiner Rechten und einer zu deiner Linken setzen dürfen!" Daraufhin sagte Jesus:
Ihr wisst, dass jene, die als Herrscher über die Völker gelten, gewalttätig über sie herrschen und dass die Mächtigen ihre Macht über die Menschen missbrauchen. Bei euch aber ist es nicht so, sondern wer bei euch groß sein will, soll euer Diener sein, und wer bei euch der Erste sein will, soll der Sklave aller sein. Denn auch der Menschensohn ist nicht gekommen, sich dienen zu lassen, sondern zu dienen und sein Leben als Lösegeld für viele hinzugeben. *(Mk 10,42–45)*

Betrachtung

Das ist sehr menschlich: Wir wollen ernst genommen werden, wollen etwas zu sagen haben, nötigenfalls auch Weisungen geben. Das müssen Eltern und Vorgesetzte immer wieder tun, sonst laufen die Dinge in eine verkehrte Richtung. Allerdings müssen wir auch die anderen und ihre Gedanken ernst nehmen. Nur dann lassen sich Probleme zur gemeinsamen Zufriedenheit lösen. Der Wunsch nach Bedeutung und Ansehen sitzt tief im Menschen. Wir haben es soeben am Beispiel der Jünger gesehen.

Doch das genügt uns nicht immer. Die Geschichte lehrt es uns, vor allem die Geschichte der Politik. Menschen wollen befehlen, über andere herrschen, andere kontrollieren. Menschen wollen Macht ausüben über andere. Von der Antike bis in die Neuzeit haben Monarchen, Despoten und Tyrannen immer wieder den Rest des Volkes als Untertanen verstanden und behandelt. Die Gier nach Macht steckt in uns Menschen. Darauf weisen auch die Versuchungen Jesu im Evangelium hin. Und auch im privaten Leben sind wir in Versuchung, über andere – vielleicht unbewusst – Macht auszuüben, z. B. gegenüber dem Ehemann oder der Ehefrau, gegenüber den Kindern oder beruflich Untergebenen. Denn andere klein zu halten oder klein zu machen, erzeugt ein erhabenes Gefühl der Überlegenheit. Wir sollten darüber nachdenken!

Lied GL 481,1.4.6 (Sonne der Gerechtigkeit)

Betrachtung

Das Herrschen ist notwendig, aber nicht das Herrschen über andere, sondern das Herrschen über sich selbst. Wir müssen uns selber im Griff haben, uns beherrschen. Nur dann sind wir Herren über uns selbst, wirklich frei. Unsere Launen beherrschen, unsere Geldgier, unseren Neid, unseren Geiz, unsere Machtgier über andere, unsere Zunge im Zaum halten, sonstige Leidenschaften beherrschen.

Im alttestamentlichen Buch Jesus Sirach lesen wir unter der Überschrift „Selbstbeherrschung“ folgende Verse: „Folge nicht deinen Begierden! Von deinen Gelüsten halte Abstand! Wenn du deiner Seele das Begehrte gewährst, macht dich das zum Gespött deiner Feinde.“ *(Sir 18,30–31)*

In seinem Brief an die Kolosser empfiehlt uns der Apostel: „Der Friede Christi triumphiere in euren Herzen. Dazu seid ihr berufen.“ *(Kol 3,15)*

Ohne Selbstbeherrschung kann niemand in Frieden leben, der Unbeherrschte ist eine Gefährdung anderer.

Gebet Wir wollen beten.
Heiliger, starker Gott!
Manchmal begegnen wir Menschen, die ganz bescheiden für andere da sind und ihnen zur Seite stehen. Uns fällt das nicht immer leicht. Deshalb bitten wir dich: Bewahre uns vor der Versuchung, uns über andere zu erheben. Gib uns vielmehr die innere Kraft, im Wissen um unseren Selbstwert und nach unseren Möglichkeiten anderen beizustehen und zu helfen. Darum bitten wir durch Christus, unseren Herrn.
Amen.

Lied GL 458 (Selig seid ihr)

Betrachtung

Die Basis des Wortes „Herrscher“ ist das Wort „Herr“. Herrschen heißt Herrsein über etwas, über jemanden. Nur einer aber ist der wahre Herr; wir nennen ihn Gott. In der Antike war „Kyrios“, deutsch „Herr“, ein Ehrentitel der römischen Kaiser. Dagegen sagt Paulus über den auferstandenen Christus: *„Kyrios Christos estin“*, Herr ist Christus. Dieser Herr, nicht etwa ein irdischer Machthaber, ist der einzige, auf den wir im Letzten verpflichtet sind, auf ihn soll unser Leben ausgerichtet sein, nach seinen Weisungen sollen wir leben. Vor keinem andern sollen wir die Knie beugen, nur vor ihm, denn kein Mensch kann sich mit ihm vergleichen. Und unser Herr hat uns gesagt, dass wir den Menschen dienen sollen. Das ist das Gegenteil von „über Menschen herrschen“. Dem Herrn allein gebührt aller Ruhm, auch wenn es Menschen gibt, die sich „Gloria“, also „Ruhm“, nennen.

Wechselgebet Singt dem Herrn ein neues Lied,
singt dem Herrn, alle Länder der Erde!

Singt dem Herrn und preist seinen Namen,
verkündet von Tag zu Tag sein Heil!

Kündet unter den Völkern seine Herrlichkeit,
seine Wundertaten bei allen Nationen!

Denn groß ist der Herr und hoch zu preisen,
mehr zu fürchten als alle Götter.

Die Götter der Heiden sind Menschengebild,
der Herr aber hat den Himmel geschaffen.

Hoheit und Herrlichkeit strahlt er aus,
Macht und Pracht sind dem Heiligen eigen.

Erweist dem Herrn, ihr Stämme der Völker,
erweist ihm Ehre, erkennt seine Macht!

Zollt dem Herrn seines Namens Ehre,
bringt Opfergaben zu seinem Tempel.

Werft euch nieder vor dem Herrn,
geschmückt mit lauterem Lebenswandel!

Kündet den Völkern: „Der Herr ist König!"
Drum steht auch der Erdkreis so sicher und fest.
Die Völker regiert er gerecht und verlässlich.

Es freun sich die Himmel, die Erde frohlocke;
es brause das Meer und was es erfüllt;

es jauchze die Flur und was auf ihr lebt;
jubeln sollen die Bäume des Waldes

vor dem Herrn, denn er kommt,
um die Erde zu richten.

Er richtet den Erdkreis gerecht,
die Völker nach seiner Treue. *(Ps 96)*

Fürbitten

Allmächtiger Gott!
Du übst deine Macht nur in Liebe und Barmherzigkeit aus. An dir wollen wir uns ein Beispiel nehmen und bitten:
Leite uns Menschen auf rechten Wegen!

- Bewahre diejenigen, die eine Leitungsaufgabe innehaben, vor ungerechter Machtausübung!
- Befreie die Herrschsüchtigen von Rechthaberei und Machtgier!
- Lass uns rechtzeitig erkennen, wenn wir zu Unrecht über andere bestimmen wollen!

- Hilf uns allen, aufeinander zu hören und einander zu dienen!
- Steh uns bei, dass wir immer dich als unseren Herrn anerkennen und entsprechend leben!

Dir, o Herr, gebührt alle Macht und Herrlichkeit in Ewigkeit. Amen.

Segen Der Herr sei mit euch!
Und mit deinem Geiste.
Es segne und behüte euch der barmherzige und gütige Gott: der Vater und der Sohn und der Heilige Geist. Amen.

Lied GL 456,1–2 (Herr, du bist mein Leben)

FANATISMUS – BEGEISTERUNG

Kreuzzeichen und Gruß

Im Namen des Vaters und des Sohnes und des Heiligen Geistes.
Der Herr sei mit euch!
Und mit deinem Geiste.

Meine Schwestern und Brüder, das Thema unserer Andacht lautet heute „Fanatismus und Begeisterung".

Lied GL 440,1–5 (Hilf, Herr meines Lebens)

Gebet Wir wollen beten.
Allweiser und ewiger Gott!
Viele Stimmen und Meinungen beeinflussen uns und versuchen, uns für ihre Gedanken und Ideale zu gewinnen. Nicht immer ist es leicht, ihre Hintergründe und Absichten zu durchschauen. Deshalb bitten wir dich um kluge Erkenntnis und rechte Entscheidung durch Christus, unseren Herrn.
Amen.

Betrachtung

Der Mensch braucht in seinem Leben Ziele, für die er sich einsetzt, braucht Aufgaben, die ihn erfüllen. Andernfalls wird das Leben langweilig und öde. Neben beruflichen und familiären Zielen und Aufgaben sind ethische und religiöse von größter Bedeutung, sie prägen sein Denken und seine Gesinnung. Sie bilden sich bereits im Jugendalter heraus. Voraussetzung dafür sind Ideale, an denen sich ein Mensch orientiert, die er anstrebt und zu verwirklichen versucht. An seinen Idealen wächst der Mensch. Nach ihnen richtet er sein Leben aus. Sie geben seinem Leben Sinn, Ziele und Aufgaben. Für einen Menschen, der Ideale anstrebt, wird das Leben nie langweilig. Sie wecken in ihm Begeisterung. Wovon der Mensch begeistert ist, dafür setzt er sich ein, nimmt er Opfer auf sich, ohne diese als solche zu empfinden. Er geht in seinen Idealen auf.

Entscheidend ist dabei, wofür sich ein Mensch begeistert, worin er seine Ideale und Ziele sieht. Nehmen wir als Beispiel den Sport.

Sport betreiben oder beim Sport zuschauen kann wunderschön und interessant sein. Wir erleben aber, vor allem beim Fußball, auch viel Fanatismus. Das Wort „Fan" kommt ja von „Fanatiker". Der Fanatiker identifiziert sich total mit seinem Verein. Er kann kein Spiel mehr neutral und sachlich betrachten, die Emotionen haben ihn im Griff, der Verstand ist ausgeschaltet. Gegner und Schiedsrichter werden beschimpft, mit Gegenständen beworfen, mitunter kommt es zu Schlägereien, mit dem Entzünden und Abbrennen von Feuerwerkskörpern wird eine mögliche Verletzung anderer Menschen in Kauf genommen.

Der Fanatiker will sein eigenes schwaches Selbstwertgefühl durch Überidentifikation mit anderen, hier einem Fußballverein, aufpolieren. Wenn der Verein gewinnt, fühlt er sich als Sieger, wenn er verliert, ist ihm, als hätte er selbst eine Niederlage erlitten.

Menschen mit geringem Selbstwertgefühl lassen sich leicht fanatisieren und dann von ihren Idolen missbrauchen. Ein Beispiel aus der deutschen Geschichte wäre der Nationalsozialismus, wo sich die Menschen zu Millionen fanatisieren ließen und bereits in den Jugendorganisationen der Partei bewusst fanatisiert wurden.

Es gibt auch religiösen Fanatismus, vielfach in den Richtungen des Fundamentalismus – auch im Christentum.

Lied GL 446,1–4 (Lass uns in deinem Namen, Herr)

Gebet Wir wollen beten.
Heiliger Gott, unser Vater!
Wir sind jetzt zusammen, um in den Worten Jesu dich zu hören. Von dir können wir lernen, gut und wahrhaftig zu leben. Öffne deshalb unseren Geist und unser Herz für dich durch Jesus Christus, unseren Herrn.
Amen.

Schriftlesung aus dem Evangelium nach Johannes
Wahrlich, wahrlich, ich sage euch: Wer nicht durch die Tür in das Schafgehege hineingeht, sondern anderswo einsteigt, ist ein Dieb und ein Räuber. Wer aber durch die Tür hineingeht, ist der Hirt der Schafe. Ihm öffnet der Türhüter und die Schafe hören auf seine Stimme. Die Schafe, die ihm gehören, ruft er

einzeln beim Namen und führt sie hinaus. Hat er alle seine Schafe hinausgelassen, dann geht er vor ihnen her und die Schafe folgen ihm, weil sie seine Stimme kennen. Einem Fremden aber werden sie nicht folgen, sondern vor ihm fliehen, weil sie die Stimme der Fremden nicht kennen. *(Joh 10,1–5)*

Betrachtung

Idealismus, der zum Fanatismus wird, führt auf Abwege, führt andere ins Verderben.

Echter christlicher Glaube bewahrt vor Fanatismus, denn entscheidend ist, wofür sich ein Mensch begeistert, worin er seine Ideale und Ziele sieht. Unser Ideal, dem wir Christen nacheifern wollen, ist Jesus Christus, unser Bruder und unser Herr. Seine Art, mit anderen Menschen umzugehen, seine Art, mit Gott umzugehen, ist uns vorbildlich. So hat auch Jesus gesagt, dass jene, die zu ihm gehören, auf seine Stimme hören und ihm folgen. Deshalb wollen wir ihm nacheifern. Begeisterung für Christus ist echte Be-Geisterung, weil sie vom Geist Gottes, der in Jesus lebt und wirkt, getragen ist. Wer für Christus begeistert ist, kann nie zum Fanatiker werden, weil Gottes Geist in ihm wirkt. Er treibt uns an, Gott als unseren barmherzigen Vater zu verstehen, der jederzeit liebend auf uns schaut. Er treibt uns an, uns für andere Menschen einzusetzen und Vergebung zu üben, wie wir es von Jesus Christus lernen. Er hilft uns, alle Menschen als von Gott Geliebte anzunehmen und uns entsprechend zu verhalten.

Vor allem jungen Menschen, die auf dem Weg zur Selbstfindung und eigenen Lebensgestaltung sind und deshalb nach Idealen und Vorbildern suchen, muss Jesus Christus als Vorbild aufgezeigt werden. Im Grunde allerdings sind wir alle lebenslang mit der Selbstfindung beschäftigt, es sei denn, wir wären geistig schon gestorben.

Wechselgebet Der Herr ist mir Licht und Heil,
vor wem sollt ich mich fürchten?

Der Herr ist der Hort meines Lebens,
vor wem sollte mir bangen?

Machen sich Frevler über mich her,
meine Bedränger, um mich zu vernichten,
sie, meine Feinde, straucheln und fallen.

Rückt ihre Schar gegen mich an,
niemals verliert mein Herz dann den Mut.

Und mag sich ein Kampf gegen mich erheben,
so bleibe ich doch voller Zuversicht.

Nur eines erbitte ich vom Herrn:
Im Hause des Herren wohnen zu dürfen
alle Tage meines Lebens,

des Herren Freundlichkeit schauen zu dürfen,
in seinem Tempel zu meditieren.

Er birgt mich bei sich am Tage des Unheils,
beschützt mich und hebt mich empor auf den Felsen.

So kann ich den Feinden, die mich umzingeln,
erhobenen Hauptes entgegentreten.

Opfer des Jubels bring ich ihm dar,
singen und spielen will ich dem Herrn.

Höre, o Herr, den Ruf meiner Stimme,
sei gnädig zu mir und erhöre mich!

Mein Herz sagt: „Suche den Herrn!"
Ja, suchen will ich dich, Herr.

Halte dein Antlitz vor mir nicht verborgen,
weise im Zorn deinen Knecht nicht zurück!

Du bist meine Hilfe, gib mich nicht auf,
verlasse mich nicht, du Gott meines Heils!

Wenn Vater und Mutter mich gar verließen,
wahrlich, beim Herrn bin ich immer geborgen.

Lehre und leite mich, Herr, deine Wege,
führe mich sicher trotz meiner Feinde!

Gib mich nicht preis der Gier meiner Gegner,
denn falsche Zungen erheben sich wütend.

Doch ich vertraue, einmal zu schauen
die Güte des Herrn im Lande der Lebenden.

Sei stark und hoffe stets auf den Herrn,
mit mutigem Herzen harre des Herrn! *(Ps 27)*

Lied GL 383,1–3 (Ich lobe meinen Gott)

Fürbitten Barmherziger, allmächtiger Gott!
Im Vertrauen auf den Heiligen Geist, der unser Leben formen will, wollen wir beten:
Sei in unserer Mitte und erhöre unser Gebet!
- Wir beten für alle Menschen, dass sie sich von blankem Fanatismus abwenden und dir zuwenden.
- Hilf allen Menschen, in deinem Sohn Jesus Christus deine ewige Wahrheit und Liebe zu erkennen!
- Wecke in den jungen Menschen Begeisterung für Christus und seine Ideale!
- Wir beten für uns selbst um Standhaftigkeit und Treue zu den Worten und Weisungen Jesu Christi.

Denn dir gebührt alle Herrlichkeit und Ehre in Ewigkeit. Amen.

Segen Der Herr sei mit euch!
Und mit deinem Geiste.
Es segne und behüte euch der barmherzige und gütige Gott: der Vater und der Sohn und der Heilige Geist. Amen.

Lied GL 347,1–2.4 (Der Geist des Herrn erfüllt das All) *oder* GL 409,1–4 (Singt dem Herrn ein neues Lied)

ANERKENNUNG

Kreuzzeichen und Gruß

Im Namen des Vaters und des Sohnes und des Heiligen Geistes.
Der Herr sei mit euch!
Und mit deinem Geiste.

Meine Schwestern und Brüder, das Thema unserer Andacht lautet heute „Anerkennung".

Lied GL 551,1–3 (Nun singt ein neues Lied dem Herren)

Gebet Wir wollen beten.
Heiliger und ewiger Gott!
Wir sind unvollkommene Geschöpfe, darauf angewiesen, bejaht und respektiert zu sein. Wir wissen, dass du zu uns stehst und uns annimmst, wie ein Vater zu seinem Kind steht und es annimmt. Dafür danken wir durch Christus, unseren Herrn.
Amen.

Betrachtung

Was macht uns Freude? Ganz einfach: ein kleines Lob, eine Anerkennung. Ein Kind, das gelobt wird, strahlt. Aus dem Lob erwächst Selbstwertgefühl. Es wächst das Bewusstsein: Ich bin jemand, ich tauge zu etwas, ich bin etwas wert, ich bin gut. Solche Erfahrung braucht aber nicht nur das Kind. Wenn die Frau oder der Mann für das zubereitete Essen gelobt wird, tut das gut. Wenn der Mitarbeiter vom Vorgesetzten gelobt wird, tut das gut. Und was guttut, spornt zu neuem Bemühen an. Jedes Lob, jede Anerkennung tut gut – in der Ehe, in der Familie, in der Erziehung, in der Schule, im Berufsleben, in der Kirche, in der Freizeit. Anerkennung baut auf, schafft Sicherheit, gibt Selbstbewusstsein.

Verweigerte Anerkennung, Nörgelei, Tadel macht unsicher, erniedrigt, bringt das Selbstwertgefühl ins Wanken, macht traurig. Anerkennung ist ein Grundbedürfnis jedes Menschen.

Lied GL 471,1–2.5 (O ewger Gott, wir bitten dich)

Schriftlesung aus dem Evangelium nach Lukas

Ein Gesetzeslehrer sagte zu Jesus: Wer ist mein Nächster?

Darauf antwortete ihm Jesus: Ein Mann ging von Jerusalem nach Jericho hinab und fiel Räubern in die Hände, die ihn ausplünderten und schlugen; dann gingen sie weg und ließen ihn halbtot zurück. Zufällig ging ein Priester auf jenem Weg hinab, sah ihn und ging in entgegengesetzter Richtung vorüber. Gleichermaßen kam auch ein Levit an den Ort, sah ihn und ging in entgegengesetzter Richtung weiter. Ein Samariter aber, der des Wegs kam, ging zu ihm hin, sah ihn und hatte Mitleid. Er trat zu ihm hin, goss Öl und Wein auf seine Wunden und verband sie. Er hob ihn auf sein eigenes Reittier, brachte ihn in eine Herberge und sorgte für ihn. Am folgenden Morgen nahm er zwei Denare heraus, gab sie dem Wirt und sagte: Sorge für ihn, und wenn du noch mehr für ihn aufwendest, werde ich es dir, wenn ich zurückkomme, erstatten. Welcher von diesen dreien scheint dir der Nächste dessen geworden zu sein, der unter die Räuber gefallen war? Jener antwortete: Der, der ihm Barmherzigkeit erwiesen hat. Da sagte Jesus zu ihm: Geh und handle genauso! *(Lk 10,30–37)*

Betrachtung

Die Tat der Liebe ist für Jesus so wichtig, dass er das Handeln des Samariters eigens hervorhebt. Er spendet dem Samariter Lob und schenkt ihm damit Anerkennung.

Ebenfalls im Lukasevangelium spricht Jesus von einer Frau, die als stadtbekannte Sünderin galt: „Ihre vielen Sünden sind ihr vergeben, weil sie viel geliebt hat; wem aber wenig vergeben wird, der zeigt auch wenig Liebe. Zu ihr aber sagte er: Deine Sünden sind vergeben." *(Lk 7,47–48)*

Auch ihr spricht Jesus seine Anerkennung aus. Die Anerkennung gilt ihrer Liebe. Die Liebe ist bei Jesus vorrangig das Handeln, das Lob und Anerkennung verdient.

An diesen Beispielen sehen wir, dass Gott, hier durch Jesus, dem Menschen seine Anerkennung ausspricht. Und vorrangig ist neben dem Bekenntnis die Liebe, die bei Gott Anerkennung findet.

Aus unserer Erfahrung wissen wir allerdings, dass bei den Menschen weniger die Liebe als vielmehr der Erfolg das Kriterium für die Anerkennung ist. Darüber sollten wir gründlich nachdenken.

Gebet Wir wollen beten.
Gütiger und liebender Gott!
Bei dir brauchen wir nicht um Anerkennung zu buhlen, denn von dir sind wir von Anfang an anerkannt. Und dein Ja zu uns, deine Wertschätzung für uns ist unabhängig von unserer Leistung und unserem Erfolg. Bei dir sind wir anerkannt, weil du uns lieb hast. Dafür danken wir dir durch Christus, unseren Herrn.
Amen.

Lied GL 464,1–2.7–8 (Gott liebt diese Welt)

Betrachtung

In den zwischenmenschlichen Beziehungen leiden Menschen oft unter ausbleibender Anerkennung. Warum eigentlich geizen wir mit Lob? Warum versagen wir anderen die Anerkennung? Vielleicht nur aus Gedankenlosigkeit, weil wir das Gute, das andere tun, für selbstverständlich halten? Vielleicht, weil wir selber als groß gelten wollen? Wer andere klein hält, kann bei sich selbst das Gefühl entwickeln, groß zu sein. Wer anderen Lob und Anerkennung versagt, hat Angst um seine Vormachtstellung. In Wahrheit aber betrügt er andere und auch sich selbst. In der Nähe solcher Menschen kann keine Freude aufkommen, kann das Leben auf Dauer zur Hölle werden. Wer Anerkennung verweigert, zerstört Leben.

Wehe einem Menschen, der Unrecht getan hat und schuldig geworden ist! Ihn stoßen wir aus, verachten ihn, gehen ihm aus dem Weg. Mit solchen Leuten wollen wir nichts zu tun haben. Gott jedoch liebt auch einen solchen Menschen, er ist auch Verbrechern nahe und um sie besorgt. Gott vergibt jedem, der ihn darum bittet. Warum? Weil Gott schlechthin Liebe ist und keinem seine Liebe versagt. Er ist uns allen Vater. Und zu solcher Liebe sollen auch wir fähig werden. Denn nach den Worten Jesu sollen wir vollkommen sein, wie unser himmlischer Vater vollkommen ist. *(vgl. Mt 5,48)*

Wechselgebet Dein Erbarmen, Herr, schenke mir,
deine Hilfe, wie du versprochen,

damit ich dem Spötter entgegnen kann,
denn deinem Wort vertraue ich.

Entzieh meinem Mund nicht das Wort der Wahrheit,
auf deine Weisung hoffe ich ja.

Ich will deine Weisung stets beachten,
zu jeder Zeit und ewiglich.

So kann ich schreiten auf freier Bahn,
denn immer frag ich nach deinem Willen.

Vor Königen will ich dein Wort bezeugen
und niemals werde ich zuschanden.

Ich habe Freude an deinen Geboten,
von ganzem Herzen liebe ich sie.

Zu deinen Geboten, die ich liebe,
erheb ich den Geist und betrachte sie.

Denk an das Wort für deinen Knecht,
durch das du mir Hoffnung gegeben hast!

Das ist mein Trost in meinem Elend,
dass dein Wort mir Leben spendet.

Freche Menschen verhöhnen mich sehr,
ich weiche nicht ab von deiner Weisung.

Denk ich an deine Gerichte von früher,
Herr, dann bin ich wieder getröstet.

Zorn erfasst mich wegen der Frevler,
weil sie deine Gebote verlassen.

Deine Weisungen wurden mir Lieder
im Leben meiner Pilgerschaft.

Auch nachts noch denk ich an dich, Herr,
deine Weisung will ich immer befolgen.

Solches Glück ward mir geschenkt,
weil ich deiner Weisung folgte. *(Ps 119,41–56)*

Fürbitten

Jesus Christus hat uns gesagt, dass die Bitten, die wir an den Vater richten, nicht vergebens gesprochen sind. Im Vertrauen auf sein Wort bitten wir jetzt: Vater, erhöre unser Gebet!

- Wir bitten für alle, die uns nahestehen, dass sie unsere Anerkennung spüren können.
- Wir bitten für alle, mit denen wir beruflich in Kontakt stehen, dass sie unsere Anerkennung erfahren.
- Für alle, die anderen Vorgesetzte sind, dass die Untergebenen die verdiente Anerkennung erhalten.
- Für alle im Leben Gestrauchelten, dass sie die Erfahrung von Vergebung und neuer Anerkennung machen dürfen.

Dir, großer Gott, sei Dank und Lobpreis heute und allezeit und in Ewigkeit.
Amen.

Segen

Der Herr sei mit euch!
Und mit deinem Geiste.
Es segne und behüte euch der barmherzige und gütige Gott: der Vater und der Sohn und der Heilige Geist.
Amen.

Lied

GL 481,1–2.6–7 (Sonne der Gerechtigkeit)

SICHERHEIT

Kreuzzeichen und Gruß

Im Namen des Vaters und des Sohnes und des Heiligen Geistes.
Der Herr sei mit euch!
Und mit deinem Geiste.

Meine Schwestern und Brüder, das Thema unserer Andacht lautet heute „Sicherheit".

Lied GL 481,1–2.6–7 (Sonne der Gerechtigkeit)

Gebet Wir wollen beten.
Ewiger und heiliger Gott!
Du kennst all unsere Fragen und Sorgen. Du weißt, wie viele Dinge und Ereignisse uns besorgt machen. Vieles liegt nicht in unserer Macht, auf die Machthabenden aber ist nicht immer Verlass. Darum bitten wir dich: Nimm dich unserer Probleme und Sorgen an und führe uns auf einen guten und sicheren Weg. Darum bitten wir dich durch Christus, unseren Herrn. Amen.

Betrachtung

Sicherheit gehört zu den Grundbedürfnissen jedes Menschen. Wir wünschen uns Sicherheit des Arbeitsplatzes, Sicherheit des Verdienstes bzw. Einkommens, Sicherheit des Wohnens. Der Lebensunterhalt soll so gesichert sein, dass alles bezahlbar ist und bleibt. Wir wollen sicher sein vor Angriffen auf unser Eigentum, auf unsere Gesundheit, auf unser Leben. Wir wünschen uns Sicherheit vor Unwetter und Katastrophen, Sicherheit vor Krieg.

Und da ist die Sorge um die Sicherheit der Kinder und Enkelkinder. Unsere Kinder sollen in Sicherheit aufwachsen können. Heute heißt das aktuell: Wie wird das mit der Bedrohung durch die Klimaveränderung weitergehen? Werden die nächsten Generationen noch sicher leben können? Werden die politisch, industriell und wirtschaftlich Verantwortlichen ihre Verantwortung auch wahrnehmen? Sicherheit ist ein Grundbedürfnis jedes Menschen.

Wenn wir die Sicherheit verloren oder nicht gewonnen haben, leben wir in Sorgen oder gar in Angst. Wie wird es weitergehen? Wie soll ich zurechtkommen, mit all den Problemen fertigwerden? Wo gibt es Hilfe? Gibt es überhaupt Hilfe? Und schließlich kommt noch die letzte Angst hinzu, die Angst vor dem Sterben. Solche Fragen beschäftigen uns dann – und zermürben uns.

Lied GL 471,1–3 (O ewger Gott, wir bitten dich)

Schriftlesung aus dem Evangelium nach Markus
Als es an jenem Tag Abend geworden war, sagte Jesus zu seinen Jüngern: Lasst uns an das jenseitige Ufer hinüberfahren! Und als sie die Leute entlassen hatten, fuhren sie mit ihm in dem Boot, in dem er saß, fort. Da entstand ein heftiger Wirbelsturm und die Wellen schlugen in das Boot, so dass es sich mit Wasser zu füllen begann. Er lag auf einem Kopfkissen im Heck des Bootes und schlief. Da weckten sie ihn auf und sagten zu ihm: Meister, kümmert es dich nicht, dass wir umkommen? Er stand auf, herrschte den Wind an und gebot dem See: Schweig, verstumme! Da legte sich der Wind und auf dem See trat völlige Stille ein. Nun sagte er zu ihnen: Warum seid ihr so furchtsam? Habt ihr noch keinen Glauben? Da gerieten sie in Furcht, in große Furcht, und sagten zueinander: Wer ist er denn, dass ihm auch der Wind und der See gehorchen? *(Mk 4,35–41)*

Betrachtung
Jesu Jünger hatten alle Sicherheit verloren. Sie waren von Todesangst erfüllt: auf dem riesigen See von einem Wirbelsturm erfasst. Die Menschen in Israel waren in der Regel Nichtschwimmer, wohl auch die Jünger. Das Boot war ihre einzige Sicherheit, doch diese war verloren. Die Wellen schlagen schon ins Boot, es taumelt hin und her, bald wird es untergehen. Doch Jesus liegt, den Kopf auf einem Kissen, unbekümmert im hinteren Teil des Bootes und schläft. Voller Panik und Hektik wecken sie Jesus: Wie kannst du jetzt schlafen? Ist es dir gleichgültig, dass wir umkommen? Er steht auf, spricht über Sturm und See ein Machtwort und es tritt Stille ein.

Was will uns der Evangelist damit sagen? Er erzählt es uns als Gleichnis für unser Leben und will sagen: Auch wenn du in größte Not geraten bist und dich völlig hilflos fühlst, sollst du nicht verzweifeln. Du sollst dich nicht von der Angst beherrschen lassen. Du darfst immer darauf vertrauen, dass Jesus bei dir ist. Mit ihm aber ist ja Gott bei dir. Er ist stärker als jede Unbill, jede Gefährdung des Lebens. Du darfst darauf vertrauen, dass er dich retten wird, wenn du dir selber nicht mehr helfen kannst. Gott wird dein Leben beschützen und retten – sogar über den Tod hinaus in die Ewigkeit hinein.

Der Evangelist erzählt es uns, um uns zu sagen: Das gilt nicht nur für die Jünger im Boot. Es gilt für euch alle. Wenn ihr mit mir in einem Boot seid, wenn ihr mit mir verbunden lebt, dann seid ihr sicher. Wenn ihr euch in Gefahr hilflos fühlt, wenn euch Angst befällt, vertraut darauf, dass ich, der Herr, bei euch bin. Ich bin eure Rettung und eure Sicherheit – auch über den Tod hinaus.

Gebet

Wir wollen beten.
Barmherziger, gütiger Gott!
Du hast uns durch Jesus gelehrt, dass wir niemals allein sind, auch in größtem Kummer nicht. Immer bist du bei uns. Schenke unserem Vertrauen auf dich Wachstum und unserem Leben Sicherheit. Lass uns in unseren Sorgen nicht verzweifeln und untergehen.
Darum bitten wir durch Christus, unseren Herrn.
Amen.

Betrachtung

Unsere Erfahrung sagt uns allerdings, dass Menschen nicht wie Gott sind. Da gibt es welche, denen unser Leben und unsere Sicherheit völlig gleichgültig sind. Sie denken nur an sich, an ihr Fortkommen, an ihren Vorteil, an ihren Gewinn. Wie viele Machthabende in der Politik haben für ihre Machtausweitung Millionen Menschen in tödliche Kriege geschickt! Wie viele Machthabende in leitender Stellung nützen wehrlose Menschen aus, um geschäftlichen Profit zu machen! Wie viele Neidbesessene greifen zu Mobbingmethoden, um Konkurrenten aus dem Weg zu schaffen! Die Sorgen und Nöte, in die sie andere damit bringen, kümmern sie nicht. Macht- und Geldgier sind Merkmale einer gottlos gewordenen Gesellschaft.

Bei alldem dürfen wir aber wissen, dass Gott auf unserer Seite steht und uns nicht untergehen lässt. Dieses Wissen hilft uns, alle

Schwierigkeiten zu überwinden und mit unseren Problemen fertigzuwerden.

Freilich haben wir bei alldem die Hoffnung, dass die Menschen ihr Fehlverhalten, ihr Verbrechen an den Mitmenschen, ihre Sünde erkennen und schließlich umdenken werden. Wir dürfen nicht aufhören, sie darauf hinzuweisen und ihnen ihre Fehler vorzuhalten. Wir dürfen auch nicht aufhören, für sie zu beten.

Letztendlich wollen wir sicher sein, einen sicheren Weg durch das Leben finden und gehen, einen Weg also, der auch von Gott respektiert und honoriert wird. Einen solchen Weg finden wir, wenn wir immer wieder fragen, wie Jesus in Situationen, die mit den unseren vergleichbar sind, agieren würde. Sobald wir das erkannt haben, haben wir den richtigen Weg erkannt und können ihn vertrauensvoll gehen.

Lied GL 464,1–2.4.6 (Gott liebt diese Welt)

Wechselgebet Der Herr ist mein Hirte,
nichts kann mir fehlen.

Er führt mich zur Ruh an lebendige Wasser,
schenkt Freude und Glück der ermatteten Seele.

Er stärkt meine Lebenskraft, wenn sie erschlafft,
und leitet mich treu auf rechten Wegen.

Und muss ich auch wandern in finsterer Schlucht,
ich fürchte kein Unheil, du bist ja bei mir.

Du sorgst für mich, wenn mich Menschen befeinden,
befreist mich von Ängsten und richtest mich auf.

Nur Glück und Liebe werde ich finden
in deiner Nähe für immer und ewig. *(Ps 23)*

Fürbitten Allmächtiger und gnädiger Gott!
Noch einmal wenden wir uns mit unseren Bitten an dich, indem wir rufen:
Vater, sei bei uns und steh uns bei!

- Wir bitten dich für die Menschen, denen die Mittel für ein menschenwürdiges Leben fehlen.
- Wir bitten dich für die Menschen, die in Leiden und Todesangst unterzugehen drohen.

- Wir bitten dich um ein Umdenken der Menschen, die andere rücksichtslos ausnützen.
- Wir bitten dich um ein Umdenken der Menschen, die andere durch Hohn und Verleumdung in tiefe Not stürzen.
- Wir bitten dich für uns selber, dass wir den Verunsicherten und Gefährdeten unsere Hilfe und Unterstützung gewähren.

Barmherziger Vater, halte in uns das Bewusstsein wach, dass du den Menschen deine Hilfe immer auch durch uns schenken willst. Sei gerühmt und gepriesen in Ewigkeit.
Amen.

Segen

Der Herr sei mit euch!
Und mit deinem Geiste.
Es segne und behüte euch der barmherzige und gütige Gott: der Vater und der Sohn und der Heilige Geist.
Amen.

Lied

GL 461,1–4 (Mir nach, spricht Christus)

GEBORGENHEIT

Kreuzzeichen und Gruß

Im Namen des Vaters und des Sohnes und des Heiligen Geistes.
Der Herr sei mit euch!
Und mit deinem Geiste.
Meine Schwestern und Brüder, das Thema unserer Andacht lautet heute „Geborgenheit".

Lied GL 140,1–3.6 (Kommt herbei, singt dem Herrn)

Gebet Wir wollen beten.
Großer und herrlicher Gott!
Wir sind jetzt hier, um über unser Leben und unsere Bedürfnisse nachzudenken. Wir wissen zwar, dass wir unser Dasein letztlich dir verdanken, dass du zu uns dein Ja gesprochen hast und weiterhin sprichst. Aber in den Dunkelheiten unseres Lebens machen sich auch Angst und Sorge breit. Von dir erhoffen wir uns Hilfe und Geborgenheit. Steh uns bei und stärke uns. Darum bitten wir durch Christus, unseren Herrn. Amen.

Betrachtung

Geborgensein ist ein Grundbedürfnis des Menschen. Die Urerfahrung jedes Menschen ist das Geborgensein im Mutterleib, in Geborgenheit entstehen, werden und wachsen. Den Mutterleib verlassen bedeutet zunächst Schrecken und Gefährdung. Die Spontanreaktion des Säuglings darauf heißt schreien. Dieses Erlebnis wird aber aufgefangen durch die Erfahrung der Geborgenheit bei Mutter und Vater. In solcher Geborgenheit heranwachsen ist für den Säugling und das Kind eine unersetzbare, glückliche Erfahrung.

Das größere Kind muss lernen, sich auseinanderzusetzen: mit anderen Menschen, mit den Anforderungen des Lebens und der Menschen. Das gelingt gut, wenn die Grunderfahrung von Geborgenheit im Elternhaus erhalten bleibt.

Im Jugendalter zieht es den Menschen immer stärker in die Welt hinaus. Er will die Welt und die Menschen kennenlernen. Er will und muss unabhängig von den Eltern eigene Erfahrungen machen und diese einordnen, um selbständig und erwachsen zu werden. Dennoch bleibt das Elternhaus ein wichtiges Rückzugsgebiet, in dem man Wohlgefühl, Geborgenheit, Schutz, aber auch wichtige Auseinandersetzungen erfährt. Geborgenheit ist ein Grundbedürfnis des Menschen.

Der erwachsene Mensch macht freilich im Berufsleben oft ganz andere Erfahrungen. Gefragt ist jetzt die Leistung für die Firma, für den Chef oder die Chefin. Erwartet werden Leistungsbereitschaft und Durchsetzungsvermögen. Er erlebt Rivalität und Mobbing in manchen Variationen. Hinter der Hochglanz-Fassade mancher neuer Firmen steht die Gewinnmaximierung der Chefs und der Aktionäre. Selbst die Pflege der Angestellten soll letztlich diesem Ziel dienen. Die oberste Devise lautet: Make money – more money! Das Geschäftsdenken hat sich vielfach von der sozialen Marktwirtschaft zum blanken Kapitalismus entwickelt. Von sozialer Verantwortung für die Arbeitsbedingungen und den Lebensunterhalt der Arbeitnehmer ist oft nicht mehr viel zu finden.

Lied GL 383,1–3 (Ich lobe meinen Gott)

Gebet Wir wollen beten.
Gütiger und gerechter Gott!
Zwischen den Bedürfnissen der Menschen und der Realität ihres Lebens klafft häufig eine riesige Lücke. Viele fühlen sich oft nur als Objekte zur Erfüllung der Macht- und Geldgier anderer. Steh diesen Menschen bei, gib ihnen Mut und Kraft, ihren Weg in Aufrichtigkeit zu gehen, und lass sie in der Familie oder bei Freunden Geborgenheit finden. Darum bitten wir durch Christus, unseren Herrn.
Amen.

Schriftlesung aus dem Evangelium nach Matthäus
Kommt alle zu mir, die ihr euch plagt und unter Lasten stöhnt, ich will euch zur Ruhe bringen. Nehmt mein Joch auf euch und lernt von mir, denn ich bin gütig und demütig im Herzen; und ihr werdet Ruhe finden für eure Seelen; denn mein Joch ist sanft und meine Last ist leicht. *(Mt 11,28–29)*

Betrachtung

Wo und wie finde ich Geborgenheit? Das ist eine unbewusste und deshalb unausgesprochene Frage der Menschen unserer Tage. Im Normalfall bietet der Ehegatte bzw. die Ehegattin oder auch ein Lebenspartner bzw. eine Lebenspartnerin Geborgenheit. Auch im Beisammensein mit den Kindern kann Geborgenheit erfahren werden.

Als Christen wissen wir aber noch mehr: Wir sind und bleiben lebenslang geborgen in Gott – wie in einem Mutterleib. Von Jesus lernen, befreit, denn sein Joch drückt nicht, es ist sanft. Bei ihm finden wir Ruhe für unsere Seele. Sein Joch, wir können auch sagen: seine einzige Forderung an uns, heißt Liebe. Liebe Gott und liebe die Menschen, dann hast du alles getan, was Gott von dir fordert. Das kann uns bei all dem Kreuz und all den Forderungen, die uns von Menschen auferlegt werden, zu innerer Ruhe und Geborgenheit helfen, zur Geborgenheit in Gott, unserem Vater.

Vor Gott zählt nicht, was unter geld- und machtgierigen Menschen zählt. Wer bei allem, was er unter Menschen erfährt, der Liebe treu bleibt, bleibt Gott treu und in Gott geborgen. In ihm sind wir auch über den Tod hinaus beheimatet und geborgen.

Lied GL 423,1–3 (Wer unterm Schutz des Höchsten steht)

Betrachtung

Wer sich in Gott geborgen weiß, muss nicht ständig unter den Widrigkeiten des Alltags stöhnen und jammern. Er kann annehmen, was nicht zu ändern ist, und sich ruhig und gewissenhaft um die Zukunft kümmern. Er muss Unrecht nicht hinnehmen, geht aber auch nicht daran zugrunde. Vielmehr wird er sich je nach seinen Möglichkeiten für jene einsetzen, die unterdrückt und ausgebeutet werden. Als Politiker zum Beispiel kann er sich um bessere Gesetze kümmern. Täte er es nicht, hätte er das Liebesgebot missachtet. Als Vorgesetzter in einem Betrieb wird er sich um ein Klima kümmern, in dem sich alle Beschäftigen zufrieden fühlen können. Andernfalls hätte er das Liebesgebot missachtet.

Wechselgebet Erbarme dich meiner, o Gott, sei mir gnädig,
denn meiner Seele Zuflucht bist du.

In deiner Obhut will ich mich bergen,
bis das Unheil vorübergeht.

Ich rufe zu Gott, dem Höchsten,
zu Gott, der mir Gutes erweist.

Er sendet mir Rettung vom Himmel,
meine Verfolger beschämt er.
Gott schenkt mir Liebe und Treue.

Inmitten von Löwen muss ich mich lagern,
die gierig sind auf das Fleisch von Menschen.

Speere und Pfeile sind ihre Zähne,
ein scharfes Schwert ist ihre Zunge.

Erhebe dich über die Himmel, o Gott,
lass deine Herrlichkeit strahlen auf Erden!

Sie haben ein Netz meinen Schritten gelegt,
meine Seele haben sie niedergedrückt.

Sie hatten für mich eine Grube gegraben –,
nun aber fielen sie selber hinein.

Getrost, o Gott, ist mein Herz und treu,
so will ich nun singen und spielen für dich.

Wach auf, meine Seele, wach auf!
Harfe und Zither, wacht auf!
Ich will das Morgenrot wecken.

Ich will dich preisen, mein Herr, bei den Völkern,
ich will dich besingen bei den Nationen!

So weit wie der Himmel ist deine Liebe
und bis zu den Wolken reicht deine Treue.

Erhebe dich über die Himmel, o Gott,
lass deine Herrlichkeit strahlen auf Erden!

(Ps 57)

Fürbitten

Gütiger und liebender Gott!
Vor dem Ende dieser Andacht rufen wir noch einmal zu dir: Herr, unser Gott, erbarme dich!

○ Vater, schenk uns in dir Geborgenheit und bei den Menschen Hilfe!

- Wir bitten für die Verantwortlichen in der Politik, dass sie die Nöte der Bürger erkennen und für Hilfe sorgen.
- Wir bitten für die Manager und Funktionäre in der Wirtschaft, dass sie nicht nur auf ihren Gewinn schauen, sondern die Bedürfnisse der Arbeitnehmer achten.
- Wir bitten für jene Menschen, die unter Mobbing und Ausbeutung leiden, dass sie ihre Selbstachtung nicht verlieren und notfalls Hilfe finden.
- Wir bitten für uns selber, dass wir mit den Anfechtungen des Lebens zurechtkommen und die Mitmenschen nicht vergessen.

Dir, unserem herrlichen Gott, sei Ruhm und Macht und Ehre in Ewigkeit!
Amen.

Segen Der Herr sei mit euch!
Und mit deinem Geiste.
Es segne und behüte euch der barmherzige und gütige Gott: der Vater und der Sohn und der Heilige Geist.
Amen.

Lied GL 470,1–2.4–5 (Wenn das Brot, das wir teilen)

GEHORSAM

Kreuzzeichen und Gruß

Im Namen des Vaters und des Sohnes und des Heiligen Geistes.
Der Herr sei mit euch!
Und mit deinem Geiste.
Meine Schwestern und Brüder, das Thema unserer Andacht lautet heute „Gehorsam".

Lied GL 347,1–2.4 (Der Geist des Herrn erfüllt das All)

Gebet Wir wollen beten.
Gott, unser Vater!
Wir sind jetzt hier, um nachzudenken; nachzudenken über rechtes und verantwortetes Leben, vor allem über jenen Aspekt unseres Lebens, den wir von unseren Kindern fordern: Gehorsam. Was heißt es, dir, Gott, zu gehorchen? Gib uns, Herr, deinen Geist, damit wir das recht verstehen. Darum bitten wir durch Christus, unseren Herrn.
Amen.

Betrachtung

Gehorchen wird weithin gleichgesetzt mit folgen. Dann wird Gehorsam ein Synonym für Folgsamkeit. Kinder sollen folgen bzw. gehorchen. Tatsächlich sind beide Worte nicht gleichbedeutend.

Gehorchen kommt von dem Verbum horchen. Es meint das Horchen auf das, was ein anderer sagt. Wenn wir die Worte und damit die Meinungen und Gedanken eines anderen hören, müssen wir ihnen aber nicht zustimmen. Die Vorsilbe ge-(horchen) drückt ein gesammeltes, ein konzentriertes Horchen aus. Um den anderen richtig zu verstehen, müssen wir eben gut hinhören, was er sagt. Wenn wir nach unserem Horchen zu der Überzeugung kommen, dass der andere recht hat, können wir seine Gedanken und seine Meinung für uns übernehmen und ihm gehorchen, andernfalls aber nicht.

Nicht jede Autorität kann für sich in Anspruch nehmen, dass wir ihre Gedanken und ihre Meinung einfach für uns übernehmen und deshalb gehorchen. Daraus ergeben sich viele Probleme in den

Trotzphasen unseres Lebens, am stärksten wohl in der Pubertät. Autorität wird in Frage gestellt und überprüft, damit wir unseren Weg in eigener Überzeugung gehen können.

Folgsamkeit würde bedeuten, dass wir dem, was der andere gesagt hat und von uns will, strikt und blind Folge leisten.

Lied GL 449,1–2 (Herr, wir hören auf dein Wort)

Schriftlesung aus dem Evangelium nach Lukas

Die Eltern Jesu gingen jedes Jahr zum Paschafest nach Jerusalem. Als er zwölf Jahre alt geworden war, zogen sie, wie sie es zum Fest gewohnt waren, wieder hinauf. Als die Festtage vorüber waren, kehrten sie zurück, der Knabe Jesus aber blieb in Jerusalem, ohne dass es seine Eltern merkten. In der Meinung, dass er unter der Reisegesellschaft sei, gingen sie eine Tagesstrecke weit und suchten ihn dann unter den Verwandten und Bekannten. Als sie ihn nicht fanden, kehrten sie nach Jerusalem zurück, um ihn zu suchen. Und dann: Nach drei Tagen fanden sie ihn. Er saß im Tempel inmitten der Lehrer, hörte ihnen zu und stellte ihnen Fragen. Alle, die ihn hörten, staunten über sein Verständnis und seine Antworten. Als die Eltern ihn sahen, gerieten sie außer sich und seine Mutter sagte zu ihm: Kind, warum hast du uns das angetan? Schau, dein Vater und ich haben dich voller Schmerzen gesucht. Er antwortete ihnen: Warum habt ihr mich gesucht? Wusstet ihr nicht, dass ich bei meinem Vater sein muss? Doch sie verstanden nicht, was er ihnen damit sagen wollte. Dann ging er mit ihnen nach Nazaret hinab und war ihnen gehorsam. Und seine Mutter bewahrte alle Worte in ihrem Herzen. Jesus aber nahm zu an Weisheit, Alter und Gnade bei Gott und den Menschen. *(Lk 2,41–52)*

Betrachtung

In diesem Evangelientext ist Jesus zwölf Jahre alt. Er ist auf dem Weg, erwachsen zu werden. Im damaligen Judentum galt ein junger Mann mit vierzehn bereits als heiratsfähig. Und Jesus macht deutlich, dass nicht mehr die Eltern einfach über ihn bestimmen können, sondern dass es da einen anderen gibt, dem er sich weit mehr verpflichtet fühlt: nämlich Gott. Deshalb hat er sich von den Eltern abgesondert und ist dorthin gegangen, wo er sich mit den Glaubenslehrern über Gott und seinen Willen austauschen konnte. Was Gott von ihm wollte, war für ihn entscheidend. Wusstet ihr nicht, dass ich bei meinem Vater, also bei Gott, sein muss?

Von einem Christen wird erwartet, dass er Gott gehorsam ist, weil er ihm glaubt. Das ist konsequent. Weil wir Gottes Wort, vor allem aus dem Mund Jesu in den Evangelien, gutheißen, nehmen wir sie an. Wir übernehmen seine Lehre und seine Weisungen als Orientierung für unser eigenes Leben. Wer sollte auch bessere Lehre und Weisung haben als Gott. Aus dem Horchen auf Gottes Wort und der Zustimmung zu ihm folgt der Gehorsam des Christen. So kann sich reifer Glaube ausprägen. Die Botschaft Jesu wird zur Basis für christliches Leben. Der Herr ist der, von dem wir lernen und an dem wir uns orientieren wollen. Dieses Gehorchen kann aber noch eine gewisse Distanz beinhalten. Wir können auch die Worte anderer weiser Menschen, auch aus verschiedenen Religionen, gut und richtig finden und deshalb für unser eigenes Leben übernehmen.

Tatsächlich geht Jesus noch einen Schritt weiter, indem er uns auffordert, ihm zu folgen bzw. nachzufolgen. Dieses Nachfolgen bezieht sich nicht nur auf seine Worte, sondern auf seine Art zu leben und zu handeln. Nicht nur sein Wort, sondern seine Art zu leben soll uns Vorbild sein. Seine Art zu leben, mit Menschen umzugehen, auf sie einzugehen, sie zu verstehen und entsprechend zu agieren, soll dann unsere eigene Art zu leben werden. Das ist die Art und Weise, die er von seinen Aposteln und deren Nachfolgern gewünscht hat.

Gebet

Wir wollen beten.
Ewiger und allweiser Gott!
Du bist es, von dem wir lernen können, was über menschlichen Horizont hinausgeht. Dir ist nichts verborgen. Die Grenzen, die menschlichem Denken und Erkennen gesetzt sind, haben vor dir keinen Bestand. Darum müssen wir uns für deine Gedanken und deine Worte öffnen, um rechte Erkenntnis und Weisheit zu gewinnen. Dir zu gehorchen, führt unser Denken und Handeln auf den rechten Weg. Hilf uns dazu! So bitten wir durch Christus, unseren Herrn.
Amen.

Lied GL 272,1–3 (Zeige uns, Herr, deine Allmacht)

Betrachtung

Wenn wir nun das tatsächliche Leben der Christen zu allen Zeiten in den Blick nehmen, stellen wir freilich fest, dass dieser Gehorsam doch sehr brüchig und mangelhaft ist. Dabei wollen wir nicht das Leben anderer Christen betrachten, sondern unser eigenes. Die Fehler und Mängel anderer fallen uns ja immer viel schneller ein als unsere eigenen. Wenn wir nämlich ehrlich sind, werden uns die Mängel unseres Gehorsams schnell bewusst. Wir stellen fest, dass wir sehr wohl in einigen Bereichen dem Herrn gehorsame Menschen sind, aber durchaus nicht in allen. Wir suchen uns aus, was uns gefällt. Meistens sind es jene Dinge, die uns angenehm zu befolgen erscheinen. Doch wenn die Worte Jesu Selbstüberwindung, Einschränkung, Zurückhaltung von uns fordern würden, dann sieht es mit dem Gehorsam oft schlecht aus. Deshalb haben wir es von Zeit zu Zeit nötig, in uns zu gehen und uns ehrlich zu fragen, wie ernst und wichtig uns die Weisungen des Herrn sind. Dann können wir um Vergebung bitten und einen anderen Weg einschlagen. In welchen Bereichen würde uns das betreffen?

Wechselgebet Selig, deren Weg ohne Tadel,
die leben nach der Weisung des Herrn.

Selig, die seine Gebote beachten,
die ihn suchen mit ganzem Herzen.

Keinerlei Unrecht verüben sie,
wandeln immer auf seinen Wegen.

Du hast deine Weisung erlassen
zur eifrigen Beachtung.

Ach ginge ich doch immer
die Wege deiner Gebote!

Dann würde ich niemals beschämt,
weil ich deine Weisung beachte.

Ich danke dir ehrlichen Herzens,
da ich zu lernen bemüht bin
deiner Gerechtigkeit Ordnung.

Deinen Weisungen will ich folgen,
lass mich, o Herr, doch niemals im Stich!

Weise mir, Herr, den Weg deiner Lehre,
ich will ihn beachten bis ans Ende.

Deine Weisung lass mich begreifen,
damit ich sie befolgen kann
und mit ganzem Herzen halte.

Hilf mir gehn auf dem Weg deiner Lehre,
denn ich habe Gefallen an ihm.

Deinen Ordnungen neige mein Herz zu,
nicht der Gier nach schnödem Gewinn.

Halt ab meine Augen, nach Eitlem zu schielen,
nach deinem Worte hilf mir zu leben!

Stets behalte Geltung
dein Wort für deinen Knecht;
es führt zur Ehrfurcht vor dir.

Die Schande, vor der mir bangt,
halte fern von mir;
deine Entscheide sind gut.

Nach deinen Weisungen hab ich Verlangen,
nach deiner Gerechtigkeit hilf mir zu leben.

(Ps 119,1–8.33–40)

Fürbitten

Erhabener und gütiger Gott!
Wir wissen, dass du uns immer zuhörst und wir nie vergebens zu dir sprechen. Deshalb rufen wir:
Wir bitten dich, erhöre uns!

- Viele Menschen leben achtlos an dir vorbei. Deine Weisungen sind ihnen gleichgültig. Öffne ihr Herz und gib ihnen von deinem Geist!
- Wir sind oft so in unseren eigenen Interessen eingeengt, dass wir nach dir und deinem Willen gar nicht mehr fragen. Öffne unser Herz und gib uns von deinem Geist!
- Wenn uns der Gehorsam gegen dich und deinen Willen schwer wird, dann setzen wir gelegentlich

anstelle des Gehorsams den Trotz. Öffne unser Herz und gib uns von deinem Geist!

- Manchmal steht unser eigenes Wollen deinem Willen entgegen, so dass wir deine Weisungen aus unserem Bewusstsein verdrängen. Öffne unser Herz und gib uns von deinem Geist!

Dir, großer und barmherziger Vater, gebührt alle Ehre und Macht und Herrlichkeit in Ewigkeit.
Amen.

Segen Der Herr sei mit euch!
Und mit deinem Geiste.
Es segne und behüte euch der barmherzige und gütige Gott: der Vater und der Sohn und der Heilige Geist.
Amen.

Lied GL 383,1–3 (Ich lobe meinen Gott)

GERECHTIGKEIT

Kreuzzeichen und Gruß

Im Namen des Vaters und des Sohnes und des Heiligen Geistes.
Der Herr sei mit euch!
Und mit deinem Geiste.

Meine Schwestern und Brüder, das Thema unserer Andacht lautet heute „Gerechtigkeit".

Lied GL 481,1–3 (Sonne der Gerechtigkeit)

Gebet Wir wollen beten.
Allweiser und gerechter Gott!
Wir sind zusammen, um vor dir und mit dir über die Gerechtigkeit nachzudenken. Der Wunsch nach Gerechtigkeit ist in uns Menschen angelegt. Doch wie stehst du dazu? Was verstehst du unter Gerechtigkeit? Hilf uns bei unseren Überlegungen durch Christus, unseren Herrn.
Amen.

Betrachtung

Gerechtigkeit steht bei uns Menschen in jedem Lebensalter hoch im Kurs. Meistens verstehen wir darunter einen Ausgleich, etwa zwischen Warenwert und Preis, Leistung und Lohn oder Schuld und Strafe. Es geht um die Frage, was recht ist, was in Ordnung ist.

Aber so einfach ist die Sache nicht. Kann man jedem Einzelnen gerecht werden, also recht tun, wenn man alle über einen Kamm schert? Wird man etwa dem Schwächeren gerecht, wenn man von ihm dieselbe Leistung fordert wie von dem Stärkeren? Wird man dem Übeltäter gerecht, wenn man für dieselbe Tat immer auch dieselbe Strafe verhängt, wie es die Waage, das Symbol der Justitia, anzudeuten scheint?

Können Menschen überhaupt gerecht über andere urteilen? Welcher Mensch kennt all die Einflüsse, die aus Erziehung, Milieu und Veranlagung einen anderen zu dem geprägt und geformt haben, der er heute ist?

Lied GL 458,1–3 und 459,4 (Selig seid ihr)

Schriftlesung aus dem Evangelium nach Lukas

Richtet nicht, dann werdet ihr nicht gerichtet werden! Verurteilt nicht, dann werdet ihr nicht verurteilt werden! Erlasst andern die Schuld, dann wird eure Schuld erlassen werden. Gebt, dann wird euch gegeben werden; in reichem, vollem, gehäuftem, überfließendem Maß wird euch gegeben werden; denn mit welchem Maß ihr messt, wird auch euch zugemessen werden.

Er sprach auch in einem Vergleich zu ihnen: Kann etwa ein Blinder einen Blinden führen? Werden nicht beide in eine Grube fallen? *(Lk 6,37–39)*

Betrachtung

Wir sind oft schnell bereit, andere zu verurteilen, weil wir spontan emotional gesteuert sind. Manche sind sogar stolz darauf, aus dem Bauch heraus zu entscheiden. Um urteilen zu können, müssen wir aber den Verstand einschalten, und der sitzt bekanntlich nicht im Bauch. Jesus warnt uns, zu richten und andere zu verurteilen. Er nennt zwei Gründe dafür. Zuerst erklärt er, dass Gott an uns dasselbe Maß anlegen wird, mit dem wir die anderen messen. Wem ist schon, wenn er urteilt, all sein eigenes Fehlverhalten bewusst? So streng wie wir über andere urteilen, wird Gott auch über uns urteilen, sagt er.

Zum Zweiten erklärt Jesus, dass wir im Beurteilen anderer Blinde sind. Wir sehen nur das äußere Verhalten, eine Tat und ihre Auswirkung. Wir wissen nicht, welchen prägenden Erfahrungen er in seinem Leben ausgesetzt war, welche Rolle seine Erziehung von Kindheit an spielte, welche Vorbilder er im Elternhaus hatte und welche sein Empfinden und Denken im Jugendmilieu beeinflusst haben, welche Grenzen seiner Selbstkontrolle gesetzt sind, inwieweit er im Augenblick der Tat bewusst entschieden hat. Vielerlei Gründe machen uns letztlich unfähig, über andere Menschen zu urteilen. Wir können nur ihr Handeln als recht oder unrecht beurteilen, nicht aber den Menschen selber. Wir wissen nicht, wie wir in derselben Situation reagieren würden, wenn wir in der Haut des anderen steckten.

Nur einer, will uns Jesus damit sagen, kennt jeden Menschen durch und durch; und dieser Eine und Einzige ist Gott. Deshalb müssen wir im Letzten ihm das Urteilen überlassen.

Gebet Wir wollen beten.
Erhabener, uns liebender Gott!
Oft fällen wir schnell ein Urteil über andere und tun damit vielen Unrecht. Deshalb bitten wir dich: Gib uns den Geist deiner Weisheit, der uns zurückhaltend macht und kluge Entscheidungen finden lässt, die auch vor dir bestehen können. Darum bitten wir durch Christus, unseren Herrn.
Amen.

Lied GL 487,1–5 (Nun singe Lob, du Christenheit)

Betrachtung

Gott kennt nicht nur die anderen, er kennt auch uns durch und durch. Er kennt uns besser, als wir uns selber kennen. Er weiß auch um die Inhalte unseres Vorbewussten und unseres Unbewussten. Deshalb weiß er nicht nur um unsere unrechten Absichten und Taten, sondern auch um deren Hintergründe und ebenso um unseren guten Willen, den wir trotz allen Versagens auch haben. Vor allem aber: Er liebt uns, wie nur ein Vater oder eine Mutter lieben kann. Deshalb mündet Gottes Gerechtigkeit nicht in Bestrafung, sondern in Vergebung.

Wir kennen alle das Gleichnis vom scheinbar verlorenen Sohn, mit dem wir uns alle identifizieren können. Als er wieder zum Vater kommt, ist alle Schuld wie auslöscht, eben vergeben. *(vgl. Lk 15,11 ff)*

Für uns aber bedeutet das, dass wir die Schuld eines Mitmenschen nicht nachtragen oder rächen dürfen, sondern nach dem Beispiel Gottes vergeben sollen, damit wir Kinder unseres himmlischen Vaters sind. Nur dann können wir das Vaterunser auch ehrlich mit den Worten Jesu beten: „Und vergib uns unsere Schulden, wie auch wir unseren Schuldnern vergeben haben." *(Mt 6,12)*

Gott soll unser Vorbild für unseren Umgang mit den Menschen sein. Denn nach Jesu Worten sollen wir in der Liebe vollkommen sein, wie unser himmlischer Vater vollkommen ist. *(vgl. Mt 5,48)* Gerechtigkeit heißt schlicht und einfach, es Gott recht machen, dessen Liebe allen Menschen in gleicher Weise gilt.

Wechselgebet Du bist gerecht, o Herr,
fehlerfrei dein Gericht.

Du erließest deine Gebote
in Gerechtigkeit und in großer Treue.

Ich werde von Eifer aufgezehrt,
weil meine Feinde dein Wort vergessen.

Dein Wort ist ganz lauter und wahr,
kostbar und teuer deinem Knecht.

Gering nur bin ich und verachtet,
doch deine Gesetze vergesse ich nie.

Dein Recht ist ewiges Recht
und Wahrheit ist deine Weisung.

Not und Bedrängnis trafen mich,
doch deine Gebote machen mich froh.

Deine Gebote sind ewig gerecht,
gib mir Erkenntnis, damit ich lebe.

Ich rufe von ganzem Herzen:
Erhöre mich, o Herr!
Dein Gesetz will ich halten.

Ich rufe dich an, errette mich,
und deine Vorschriften will ich befolgen.

Frühmorgens schon komm ich und flehe um Hilfe;
auf deine Antwort warte ich nun.

Vor der Nachtwache werde ich wach,
um nachzusinnen über dein Wort.

Höre mein Rufen in deiner Güte,
lass mich leben nach deinem Gesetz!

Die mich listig verfolgen, sind nah,
von deinem Gesetz aber weit entfernt.

Du, Herr, bist mir nahe,
all deine Gebote sind Wahrheit.

Von deinen Vorschriften weiß ich schon längst:
Du hast sie für ewige Zeiten bestimmt.

(Ps 119,137–152)

Bitten

Gott, allwissender und gütiger Vater!
Wir wollen dir unsere Bitten für uns und alle Menschen vortragen und rufen:
Wir bitten dich, erhöre uns!

- Bewahre jene Menschen, die Unrecht erfahren haben, vor Gelüsten nach Vergeltung und Rache!
- Schenk uns deinen Geist der Liebe, der uns zur Hilfe antreibt, wo Unrecht geschehen ist!
- Lass uns beim Urteilen über andere stets auch unsere eigene Unzulänglichkeit und unsere Fehlerhaftigkeit bewusst sein!
- Hilf, dass wir uns immer mehr nach deinem Vorbild formen und aufrichtig vergeben können!

Deine Größe, deine Weisheit und deine Liebe seien gepriesen heute und in Ewigkeit.
Amen.

Segen

Der Herr sei mit euch!
Und mit deinem Geiste.
Es segne und behüte euch der barmherzige und gütige Gott: der Vater und der Sohn und der Heilige Geist.
Amen.

Lied

GL 481,4.6–7 (Sonne der Gerechtigkeit)

GLAUBENSBEKENNTNIS

Kreuzzeichen und Gruß

Im Namen des Vaters und des Sohnes und des Heiligen Geistes.
Der Herr sei mit euch!
Und mit deinem Geiste.

Meine Schwestern und Brüder, das Thema unserer Andacht lautet heute „Glaubensbekenntnis“.

Lied GL 456,1–2 (Herr, du bist mein Leben)

Gebet Wir wollen beten.
Unendlicher, ewiger Gott!
Wir sind vor dir zusammengekommen, weil wir dir und an dich glauben. Manchmal ist uns das Glauben selbstverständlich. Manchmal aber wird es uns schwer. Wir Menschen sind unbeständig. Darum bitten wir dich, unseren Glauben zu stärken und zu festigen. Sei du die Mitte unseres Lebens heute und allezeit und in Ewigkeit!
Amen.

Betrachtung

Zahlreiche Christen haben im Laufe der Geschichte ein Glaubensbekenntnis abgelegt. Sich bekennen heißt, zu etwas stehen. Den Glauben bekennen bedeutet, zu seinem Glauben stehen, bekannt werden lassen, dass man an Gott glaubt. Es heißt auch, Gott und den Glauben an ihn verteidigen. Und dies kann Nachteile in einer Gesellschaft, Ausschluss aus bestimmten Kreisen, Mobbing und im Extremfall den Tod bedeuten. Das kennen wir von den vielen Märtyrern, die deswegen heilig- oder seliggesprochen wurden.

Wir können uns fragen: Hatten denn diese Menschen keine Angst? Und wir fragen weiter: Hatten sie keine Familie, für die sie sorgen mussten, einen Ehepartner, Kinder?

Glaubensbekenntnis ist eine Konsequenz aus der Treue zu Gott. Sollen wir Gott nur treu sein, solange es gefahrlos bleibt? Das wäre Treubruch. Glaubensbekenntnis ist auch eine Konsequenz aus der

Wahrhaftigkeit. Der Wahrhaftige steht zu dem, was er für wahr hält. Wer seinen Glauben verleugnet, ist ein Lügner.

Lied GL 456,3–4 (Herr, du bist mein Leben)

Schriftlesung aus dem Evangelium nach Johannes
Obwohl Jesus so viele Zeichen vor ihnen getan hatte, glaubten sie nicht an ihn. So sollte sich das Wort des Propheten Jesaja erfüllen, der gesagt hatte: Herr, wer hat unserer Botschaft geglaubt? Und der Arm des Herrn – wem ist er offenbart worden? Dennoch kamen auch von den führenden Männern viele zum Glauben an ihn, aber wegen der Pharisäer bekannten sie es nicht offen, um nicht aus der Synagoge ausgeschlossen zu werden. Von den Menschen geehrt zu werden, liebten sie nämlich mehr, als bei Gott geehrt zu sein. *(Joh 12,37–38.42–43)*

Betrachtung

Einen dieser führenden Männer, die an Jesus glaubten, sich aber nicht öffentlich zu ihm bekannten, nennen uns alle vier Evangelisten übereinstimmend: Josef von Arimathäa, Mitglied des Hohen Rates. Erst nachdem Jesus gestorben war, kommt Josef von Arimathäa, um ihn zu bestatten.

Die Worte des Evangeliums können uns nachdenklich machen. Glaubensverleugnung aus Angst, Angst um die eigene Stellung in der Gesellschaft, Angst um das eigene Ansehen bei den Kollegen.

Aber wundert uns das? Kennen wir es nicht von uns selber? Was hindert uns denn am Bekenntnis unseres Glaubens? Ist da nicht die Angst vor spottenden Klassenkameraden, Arbeitskollegen, Freizeitkumpeln in einem Verein oder einer anderen Gruppe?

Vielleicht steht hinter dieser Angst eine innere Feigheit. Was wäre, wenn wir den Glauben bekennen würden? Möglicherweise würden wir staunen, dass viele gar nicht ablehnend reagieren würden, weil sie ebenso denken wie wir, jedoch ebenso nicht den Mut aufbringen, dazu zu stehen.

Und jene, die dann über uns spotten würden? Müssen wir vor denen kuschen? Sind sie es wert, dass wir uns selber verleugnen? Glauben ja, aber nur wenn's mir nicht schadet?

Gebet Wir wollen beten.
Heiliger, gütiger Gott!
Du kennst uns durch und durch. Darum weißt du, dass wir uns gelegentlich um ein klares Bekenntnis zu dir drücken. Zu manchen Zeiten kann es schwer werden, ein klares Ja zu unserem Glauben auszusprechen; die Furcht vor den Menschen steht uns im Weg. Darum bitten wir dich um die Kraft zu klarer Haltung und offenem Bekenntnis zu dir, durch Christus, unseren Herrn.
Amen.

Lied GL 460,1–5 (Wer leben will wie Gott auf dieser Erde)

Schriftlesung aus dem Evangelium nach Matthäus
Fürchtet euch nicht vor denen, die den Leib töten, die Seele aber nicht töten können! Fürchtet euch vielmehr vor dem, der Seele und Leib in der Hölle verderben kann! Verkauft man nicht zwei Spatzen für ein paar Cent? Und doch fällt keiner von ihnen zur Erde, wenn euer Vater es nicht will. Bei euch aber sind sogar alle Haare auf dem Kopf gezählt. Fürchtet euch also nicht! Ihr seid mehr wert als viele Spatzen. Zu jedem, der sich vor den Menschen zu mir bekennt, werde auch ich mich vor meinem Vater im Himmel bekennen. Wer mich aber vor den Menschen verleugnet, den werde auch ich vor meinem Vater im Himmel verleugnen. *(Mt 10,27–33)*

Betrachtung
Hier mahnt uns Jesus zu tapferem Bekenntnis gegenüber jenen, die den Leib töten, aber unser Leben nicht bedrohen können. Sie können „den Leib töten, die Seele aber nicht töten". Hier steht das Wort „Seele" für umfassendes Leben. Denn wir dürfen der väterlichen Sorge Gottes sicher sein. Darum brauchen wir uns vor den Menschen nicht zu fürchten. Der Glaube kann die Furcht austreiben. In Gottes väterlicher Liebe sind wir auf ewig geborgen, was Menschen auch immer mit uns im Sinn haben. Gott wird bei uns sein und sich um uns kümmern. Bei ihm sind sogar die Haare auf unserem Kopf gezählt.

Nicht vergessen dürfen wir allerdings die Klugheit. Die Klugheit hilft uns, den Gegner (des Glaubens) richtig einzuschätzen und seine Gefährlichkeit nüchtern zu beurteilen. Einem gefährlichen Gegner müssen wir uns nicht ohne gewichtigen Grund ausliefern. Ein Christ sucht das Martyrium nicht, er nimmt es an, wenn es sein muss.

Wechselgebet In seinem Herzen spricht der Tor:
„Es ist kein Gott."

Verdorben sind sie, Verwerfliches tun sie,
nicht einer tut Gutes.

Gott blickt vom Himmel herab auf die Menschen,
ob da noch ein Kluger ist, der Gott sucht.

Doch alle sind abtrünnig, alle verdorben,
keiner tut Gutes, kein einziger mehr.

Kommen die Bösen gar nicht zur Einsicht,
verschlingen mein Volk, wie man Brot verzehrt?
Gott, den Herrn, aber rufen sie nicht an.

Plötzlich treffen sie Furcht und Schrecken,
wo doch nichts zu fürchten ist.

Doch denen, die dich bedrängen,
hat Gott die Verschonung verwehrt;
nun sind sie beschämt, weil Gott sie verwarf.

Ach käm doch für Israel Hilfe vom Zion!
Wenn Gott das Geschick seines Volkes einst wendet,
wird Jakob sich freuen, wird Israel jubeln.

Rette mich, Gott, durch deinen Namen,
verschaffe mir Recht durch deine Macht.

Höre, o Gott, mein Gebet,
öffne dein Ohr meinen Worten!

Denn Stolze stehen gegen mich auf,
gewaltsam trachten sie mir nach dem Leben.

Doch siehe! Gott steht mir bei,
der Herr beschützt mein Leben.

Das Böse wende, o Herr,
auf meine Gegner zurück
und ändere ihren Sinn!

Großmütig will ich dir opfern,
deinen Namen rühmen, o Herr, denn du bist gut!

Du hast mich aus aller Drangsal errettet,
mein Auge darf an den Feinden sich weiden.

(Ps 53/54)

Fürbitten

Herr Jesus Christus, unser Bruder!
Du hast uns ein Leben im Bekenntnis zu Gott, deinem Vater, vorgelebt. Aber weil du selber als Mensch auf dieser Erde gelebt hast, kannst du nachempfinden, wie schwer solches Bekenntnis für uns werden kann. Im Vertrauen auf deine Hilfe bitten wir dich:
Herr, erhöre uns!
Christus, erhöre uns! Herr, erhöre uns!

- Wir bitten dich für jene Brüder und Schwestern, denen das Glauben schwer ist.
- Wir bitten dich für uns selber um Beständigkeit und Festigkeit im Glauben.
- Wir bitten dich um Stärkung in Situationen der Angst vor dem Bekenntnis.
- Wir bitten dich für jene Brüder und Schwestern, die nicht an dich glauben, um religiöse Toleranz.
- Wir bitten dich für die Brüder und Schwestern in Ländern der Christenverfolgung um deine Hilfe und um Vertrauen auf Gott.

Ruhm und Ehre, Lobpreis und Dank sei dem einen, alle Menschen liebenden Gott heute und in Ewigkeit. Amen.

Segen

Der Herr sei mit euch!
Und mit deinem Geiste.
Es segne und behüte euch der barmherzige und gütige Gott: der Vater und der Sohn und der Heilige Geist. Amen.

Lied

GL 461,1–4 (Mir nach, spricht Christus)

VERTRAUEN, GOTTVERTRAUEN

Kreuzzeichen und Gruß

Im Namen des Vaters und des Sohnes und des Heiligen Geistes.
Der Herr sei mit euch!
Und mit deinem Geiste.

Meine Schwestern und Brüder, das Thema unserer Andacht lautet heute „Vertrauen".

Lied GL 416,1.3–4 (Was Gott tut, das ist wohlgetan)

Gebet Wir wollen beten.
Guter Gott, unser Vater!
Wir wollen jetzt über die Bedeutung des Vertrauens in unserem Leben nachdenken und bitten dich: Gib uns deinen Geist, damit er unsere Gedanken leite und uns lehre durch Christus, unseren Herrn.
Amen.

Betrachtung
Vertrauen ist ein Grundbedürfnis des Menschen. Jeder möchte, dass ihm Vertrauen geschenkt wird, und jeder möchte den anderen Menschen vertrauen können. Kinder kommen mit einem Grundvertrauen zur Welt. Sie erleben, dass es Menschen gibt, denen sie vertrauen können, die für sie sorgen und sich um sie sorgen. Sie lernen, dass auch die anderen, zunächst in der Familie, ihnen vertrauen können möchten. Schüler wollen ihren Lehrern und Klassenkameraden vertrauen können. Wird ihr Vertrauen nicht bestätigt, reagieren sie enttäuscht, zornig, ziehen sich zurück. Auch der Erwachsene will, dass man ihm vertraut und dass er den Kollegen oder Kolleginnen vertrauen kann. Am intensivsten aber wünschen sich Verlobte und Verheiratete gegenseitiges Vertrauen. Ohne Vertrauen stellen sich in der Ehe Verwerfungen ein. Eifersucht ist ein Feind des Vertrauens. Vertrauensmissbrauch reißt tiefe Wunden in eine menschliche Beziehung. Partner entwickeln Vorbehalte gegeneinander und ziehen sich zurück. Mit einem Menschen, dem man nicht vertrauen kann, möchte man möglichst wenig zu tun haben.

Wo aber ungetrübtes Vertrauen herrscht, können Liebe und Geborgenheit reifen und glücklich machen.

Lied GL 417,1–4 (Stimme, die Stein zerbricht)

Betrachtung

„In dieser Welt kann man keinem trauen." Als ich jemanden diese Worte sagen hörte, erschrak ich. Welche Erfahrungen musste einer gemacht haben, um so zu sprechen? Wie oft muss er enttäuscht worden sein! Vertrauensbruch kann den Menschen zutiefst erschüttern.

Ohne Vertrauen gibt es keine Zusammenarbeit mehr. Ohne Vertrauen gibt es kein Zusammenleben. Ohne Vertrauen gibt es keine Freundschaft. Ohne Vertrauen gibt es keine Liebe. Da ist nur noch stumpfes Nebeneinander, im schlimmsten Fall auch Gegeneinander. Wer möchte so leben? Wer kann auf solche Weise glücklich werden?

Wie aber steht es um Gott? Fragen wir uns nicht manchmal, ob wir ihm vertrauen können? Wir hoffen auf seine Hilfe, doch dann kommen wieder Zweifel in uns auf, ob dieses Gottvertrauen wirklich begründet ist, und wir werden unsicher.

Gebet Wir wollen beten.
Heiliger Gott, unser himmlischer Vater!
Wir leben davon, dass wir vertrauen können. Ohne Vertrauen würde das Leben zu einem Leiden. Misstrauen, Zwiespalt und Angst würden uns beherrschen. Du weißt, wie nötig es für uns ist, dass wir auch auf dich vertrauen können. Darum bitten wir dich: Gib uns deinen Geist, dass er das Gottvertrauen in uns stärke und festige durch Christus, unseren Herrn.
Amen.

Lied GL 421,1–3 (Mein Hirt ist Gott, der Herr)

Schriftlesung aus dem Evangelium nach Matthäus
Bittet, dann wird euch gegeben werden, sucht, dann werdet ihr finden, klopft an, dann wird euch geöffnet werden! Denn wer bittet, erhält, wer sucht, findet, und wer anklopft, dem wird geöffnet werden. Oder ist unter euch einer, der seinem Sohn, der um Brot

bittet, einen Stein gibt? Oder eine Schlange, wenn er um einen Fisch bittet? Wenn schon ihr, die ihr böse seid, euern Kindern Gutes gebt, wie viel mehr wird euer Vater im Himmel denen, die ihn bitten, Gutes geben! *(Mt 7,7–11)*

Betrachtung

Jesus vergleicht Gott mit einem Vater. Auf einen Vater kann sich das Kind verlassen, denn er gibt ihm, was es nötig hat. Kein Vater will sein Kind verhungern lassen (Stein) und kein Vater macht seinem Kind schädliche Geschenke (Schlange).

Dann aber grenzt Jesus den menschlichen Vater vom himmlischen Vater ab, indem er sagt: Ihr handelt so an euren Kindern, obwohl ihr nicht nur gut, sondern immer wieder auch böse seid. Euer himmlischer Vater jedoch ist durch und durch gut, in ihm kann gar keine böse Regung sein, denn er ist Liebe schlechthin.

Deshalb können wir bei all unseren Bitten auf Gott vertrauen. Er lässt uns in unseren Sorgen und Nöten nicht im Stich. Er kümmert und sorgt sich um jeden von uns. Er gibt uns, was gut für uns ist und keinem anderen schadet. Auf Gott ist Verlass.

Gottvertrauen ist aber keine Ausrede für eigene Verantwortung und eigenes Handeln. Wir müssen selber tun, was in unseren Kräften steht. Dann freilich dürfen wir darauf vertrauen, dass uns Gott beisteht und nicht im Stich lässt.

Wechselgebet Ich hoffte fest auf den Herrn,
er neigte sich mir zu
und hörte auf mein Rufen.

Er hob mich aus Verderben,
aus Unrat und aus Schlamm.

Er gab mir sicheren Halt
und Mut für meinen Weg.

Ein neues Lied hieß er mich singen,
ein Lob auf ihn, unseren Gott.

Viele werden es sehen,
sich in Ehrfurcht neigen
und auf den Herrn vertrauen.

Selig der Mann, der dem Herrn vertraut,
es nicht mit Überheblichen hält,
nicht im Kreis der Lügner verweilt.

Zahlreich sind, o Herr, deine Wunder,
zahlreich deine Pläne mit uns,
deinen Gedanken ist nichts vergleichbar.

Wollt ich sie künden, von ihnen reden,
es wären mehr als man zählen kann.

An Schlacht- und Speiseopfern,
Brand- und Sühneopfern
hast du kein Gefallen,

doch soll ich auf dich hören.
Drum sag ich: „Ja, ich komme."

Ich lese in der Schrift,
zu tun, was dir gefällt;

gern will ich deine Weisung
in meinem Herzen tragen.

Dein Heil verkünd ich in großer Gemeinde,
ich schweige nicht, Herr, du weißt es.

Nicht verschloss ich im Herzen
deine Gerechtigkeit;

ich rede von deiner Treue
und von deiner Hilfe,

verhehle nicht deine Liebe
und schweig nicht von deiner Wahrheit.

Du wirst mir, o Herr, dein Erbarmen
niemals vorenthalten,

immer werden mich bewahren
deine Liebe, deine Treue.

Denn zahllose Übel schlossen mich ein,
mich ereilten meine Sünden;

unüberschaubar sind sie,
zahlreicher als mein Haupthaar,
verlassen hat mich mein Mut.

In deiner Gnade rette mich, Herr,
komm, o Herr, eil mir zu Hilfe!

Schämen sollen sich und erröten
alle, die nach dem Leben mir trachten!

Vor Scham verkriechen sollen sich jene,
die Freude empfinden über mein Unglück.

Vor Schmach und Schande sollen erstarren,
die mich schadenfroh verhöhnen.

Jubeln aber sollen
und in dir sich freuen
alle, die dich suchen.

Die deine Hilfe ersehnen,
sollen immer sagen:
„Groß ist Gott, der Herr!"

Wohl bin ich elend und arm,
der Herr aber wird für mich sorgen.

Du bist meine Hilfe, mein Retter,
mein Gott, nun zögere nicht! *(Ps 40)*

Fürbitten

Heiliger und starker Gott!
Dein ist unsere Welt und dein sind auch wir. Weil wir darauf vertrauen, tragen wir dir unsere Bitten vor:

- Hilf allen Menschen, die sich von dir abgewendet haben, aufs Neue Vertrauen zu dir zu fassen!

Wir bitten dich, erhöre uns!

- Hilf denen, deren Vertrauen von anderen enttäuscht worden ist, wieder Vertrauen zu fassen!
- Ermutige die enttäuschten Seelsorger, im Vertrauen auf dich ihren Dienst zu erfüllen!
- Steh uns allen in Unsicherheit und Zweifel bei, unser Vertrauen auf dich nicht zu verlieren!

Du bist uns fester Halt, in dir sind wir geborgen. Dir sei Ruhm und Ehre in Ewigkeit! Amen.

Segen Der Herr sei mit euch!
Und mit deinem Geiste.
Es segne und behüte euch der barmherzige und gütige Gott: der Vater und der Sohn und der Heilige Geist.
Amen.

Lied GL 423,1–3 (Wer unterm Schutz des Höchsten steht)